O CORAÇÃO DA MENTE

Dra. Jane Katra
Russell Targ

O CORAÇÃO DA MENTE

Como ter a experiência de Deus sem dogma, ritual ou crença religiosa

Tradução
ALÍPIO CORREIA DE FRANCA NETO

Prefácio de
MARIANNE WILLIAMSON

EDITORA CULTRIX
São Paulo

Título do original: *The Heart of the Mind*.

Publicado originalmente nos EUA, por New World Library, Novato, CA.

O primeiro número à esquerda indica a edição, ou reedição, desta obra. A primeira dezena à direita indica o ano em que esta edição, ou reedição, foi publicada.

Edição	Ano
1-2-3-4-5-6-7-8-9-10-11	02-03-04-05-06-07-08-09

Direitos de tradução para o Brasil
adquiridos com exclusividade pela
EDITORA PENSAMENTO-CULTRIX LTDA.
Rua Dr. Mário Vicente, 368 — 04270-000 — São Paulo, SP
Fone: 272-1399 — Fax: 272-4770
E-mail: pensamento@cultrix.com.br
http://www.pensamento-cultrix.com.br
que se reserva a propriedade literária desta tradução.

Impresso em nossas oficinas gráficas.

Para Gangaji,

com amor e gratidão

Sumário

O Objetivo

Possam todos ser felizes e seguros; possa o seu coração se encher de alegria.

— Doutrina de Buda sobre o amor, a alegria, a equanimidade e a compaixão

A Senda

O verdadeiro valor do ser humano é determinado fundamentalmente pela medida e pelo sentido em que ele conseguiu a libertação quanto ao eu.

— Albert Einstein

Prefácio

Uma profecia esotérica tem estado em vigor durante eras: qual seja, a de que num grande clímax histórico que está por vir, a ciência e a religião haverão de unir-se na exaltação de uma grande Verdade.

À proporção que adentramos no novo milênio, em cada aspecto do trabalho humano, há na verdade interesse por uma questão de caráter geral. Quer a conversa se volte para os relacionamentos, a medicina, a espiritualidade, os negócios, a ciência ou o que quer que seja, há pelo menos uma ligeira sugestão de uma mensagem eterna abrindo caminho rumo à consciência: a unidade fundamental, o espírito e o amor.

Jane Katra e Russell Targ voltaram os olhos para duas áreas específicas — a ciência e a espiritualidade — com os frios olhos do cientista e com o cálido coração do místico. Aplicaram a observação científica complexa aos domínios do espírito, tornando disponíveis ao pensador mais racionalista algumas meditações profundas acerca dos problemas da fé. Neste novo e emocionante livro, Katra e Targ postulam a espiritualidade como uma nova fronteira da ciência. Com aplicar técnicas de investigação as mais disciplinadas, os cientistas no mundo todo agora deixaram claro que não precisamos mais tratar a fé como cega; ela se revelou, pelo menos, a regiões da mente antes inacessíveis quanto a lhes apreender as implicações. Katra e Targ ajudaram a abrir a porta há muito fechada entre os domínios da ciência e os de Deus.

Como uma grande pirâmide que se erga até o ponto que a remata, todas as questões separadas na vida se resolvem numa verdade maior. Quer o nosso movimento seja por meio do rigor espiritual da oração, quer por meio do rigor mental da ciência, o fim supremo de nossa jornada é o amor de Deus. Alguns já se expressam nesses termos: depois de ler este livro, muitos outros concordarão com isso. E se unirão.

Não é necessário acreditar em nenhuma religião ou dogma. Olhos de orientação científica e racional o farão, pois Katra e Targ certificaram-se disso. Ambos empunham uma lanterna para todos, e à sua luz revela-se um mundo muito maior e unificado por dentro e por fora. Cada estrada se abre numa montanha, e apenas uma montanha é o que vem a ser.

O pico, como o leitor verá neste livro, é espetacular — cientificamente saudável bem como absolutamente milagroso. Katra e Targ fornecem uma soberba visão de mundo.

— Marianne Williamson

Agradecimentos

É muito prazeroso agradecer aos muitos amigos, colegas e mestres que nos estimularam, informaram e inspiraram do começo ao fim da escrita deste livro. Em particular queremos agradecer: ao nosso amigo paciente, o dr. Dean Brown, por partilhar generosamente suas introvisões e sua profunda erudição; ao dr. William Braud, por décadas de pesquisa fundamental sobre a natureza da influência mental distante de sistemas vivos; a Judy Skutch Whitson, por seus pontos de vista, sua confiança e compromisso com a publicação e tradução de *A Course in Miracles*; aos doutores Jerry Jampolsky e Diane Cirincione por ensinarem um sentido do perdão que promoveu a paz e o entendimento em todo o mundo; e à dra. Elisabeth Targ, por sua dedicação e sua pesquisa pioneira no campo da cura à distância no hospital.

Agradecemos também ao dr. Bob von Gutfeld por décadas de conversas percucientes sobre o sentido de tudo isso, e por uma vida de amizade; ao falecido dr. Ross Katra, por seu amor e sua valiosa pesquisa para a espiritualidade, e por fornecer a inspiração para este livro perguntando por que os cientistas rezam; a Ingo Swann, Joe McMoneagle e Gary Langford, por seus esforços infatigáveis e pela partilha generosa de seu talento para ver longe; à pastora Marge Britt por suas dádivas de visão e inspiração; ao padre Thomas Keating por seu compromisso de toda uma vida de ensinar a encontrar a paz; ao pastor Stan Hampson por sua introvisão contínua e inspiração; à Phyllis Butler e ao Jason Gardner por seu empenho cuidadoso e ponderado ao revisar este livro; à Peggy Leising e aos doutores Jeffrey Mishlove e Arthur Hastings por generosamente dedicarem seu tempo à leitura e crítica dos manuscritos em seu estágio inicial; ao nosso agente, Doug Latimer, por nos ajudar a tornar este livro uma realidade; ao Marc Allen por acreditar que nossas idéias eram dignas de ser partilhadas e publicadas; e a sobretudo Gangaji, por nos familiarizar com *sat-chit-ananda*, a fim de que não déssemos cabo um do outro durante a escrita deste livro.

Introdução
A busca de uma vida espiritual abrangente

Durante todo o dia penso nisso, depois, à noite, digo-o.
De onde vim, o que faço?
Não tenho nenhuma idéia.
Minha alma vem de outro lugar, sei disso,
E lá pretendo terminar.

— Rumi

A busca de sentido e paz de espírito nos impele a todos. Esses desejos do coração constituem o tema deste livro. Por que sentimos mais paz de espírito sentados numa cabana perto do mar, em meio a uma tempestade, do que à mesa durante o jantar com nossa adorável família nos subúrbios de São Francisco? E como foi possível ao psiquiatra e escritor Viktor Frankl descobrir o sentido e o espírito entre as atrocidades e o sofrimento de um campo de concentração nazista? As duas perguntas nos ensinam que, a fim de encontrarmos sentido em nossa vida, mister é que nos concentremos além da consciência de nosso eu separado.

Obviamente, percebemos algo maior do que nós mesmos no poder de uma tempestade feroz. Incapazes de planejá-la, organizá-la ou controlá-la, só podemos capitular à experiência. Diz a tempestade, "Aqui estou. Sou eu quem comanda — você só obedece!" E *o que* liberamos, ainda que por um momento, é a nossa concentração comum em nós mesmos: nosso corpo, nossos pensamentos, emoções, desejos, lembranças e imaginação — até nossos medos. É-nos dada uma rara oportunidade de interromper a contínua tagarelice da nossa mente. Em vez de nos angustiarmos com os acontecimentos futuros ou passados sobre os quais não temos controle algum, ficamos tranqüilos e simplesmente vivemos o presente.

Durante os três anos que passou em Auschwitz e em outros campos de concentração, Frankl descobriu que os prisioneiros que sobreviveram transcenderam seu próprio sofrimento, partilharam seus minguados alimentos e concentraram a atenção em aliviar os infortúnios dos prisioneiros em torno de si. Frankl até descobriu a gentileza entre os soldados alemães. Atualmente, à medida que nos abeiramos do final deste século frenético e materialista, a mensagem de Frankl é a de que devemos abrir o coração ou perecer. Ele escreveu que, mesmo em situações terríveis nos campos de morte, as pessoas tinham liberdade espiritual para escolher as atitudes que queriam encarnar. "É essa liberdade espiritual — que não pode ser arrancada — o que torna a vida cheia de sentido e objetivo", escreveu ele.[1]

Escrevemos este livro para descrever uma espiritualidade abrangente, em que a experiência tem primazia sobre a fé religiosa. Em parte, estamos dando uma resposta a um livro recente, *The Demon-Haunted World*, escrito por um dos mais notáveis cientistas do século XX, Carl Sagan. Nesse livro, Sagan traz à baila feiticeiros que voam, ciclos de colheita, abdução alienígena *e* Deus, declarando que acha tudo isso incompreensível.

Baseamos a nossa resposta a Sagan numa descrição da *experiência* de Deus, em vez de numa doutrina da fé. Como cientistas, estamos convencidos de que as pessoas não precisam *acreditar* nem ter fé em algo sobre a existência do espírito universal, porque a *experiência* de Deus é uma hipótese passível de teste. A prova filosófica, no entanto, não é o objetivo deste livro. Em vez disso, oferecemos um argumento plausível a quem quer que busque a vida espiritual e que, ao mesmo tempo, queira continuar sendo um participante crítico e de discernimento no século XXI. Podemos incluir Deus em nossa vida sem abdicar da nossa mente, se pudermos transcender nossos pensamentos analíticos comuns e aprender a nos tornar *reflexivos*.

Em seu ensaio de 1939, "Ciência e Religião", Albert Einstein escreveu que cada um de nós tem o potencial para uma consciência maior da verdade do que só a análise pode dar: "O conhecimento objetivo nos proporciona instrumentos eficazes para a realização de certos fins; mas, a meta máxima em si, o anseio de alcançá-la, deve advir de outra fonte."[2]

Embora não sejamos nem peritos na filosofia nem na teologia, oferecemos nossa experiência e nossas observações com a esperança de que os leitores possam tornar-se *conhecedores* em oposição a *crentes*, e achar novas avaliações para sua capacidade inata de atenção. Esperamos que os leitores descubram todo o seu potencial como alquimistas espirituais do universo.

Um de nós, Jane, fez seu doutorado em Educação da Saúde na Universidade do Oregon, onde deu aulas de nutrição e saúde durante vários anos. Ela também praticou a cura espiritual por mais de vinte anos, seguindo as instruções que recebeu em 1974 durante um período de sofrimento físico prolongado, acompanhado por um sonho semelhante a uma experiência de quase-morte. Sendo o ápice de uma viagem longa que Jane fez pelo sudeste da Ásia, sua experiência ocorreu enquanto ela estava observando curadores espirituais nas Filipinas. Hoje, ela trabalha como "orientadora de sistema imunológico", ajudando seus clientes a "mudar os hospedeiros (os próprios pacientes) de modo que a doença não os reconheça". Ela ajuda as pessoas a mudar aquilo com que abastecem a mente e o coração, o corpo e a alma.

O outro autor, Russell, é um físico internacionalmente conhecido do *laser* e um pesquisador da mediunidade. Foi co-fundador do programa de pesquisa de PES patrocinado pelo governo no Stanford Research Institute (SRI), documentando a existência de capacidades mediúnicas nos anos 70 e 80. Ele começou seus estudos de percepção extra-sensorial em conseqüência de suas próprias experiências desse tipo, enquanto fazia apresentações como mágico durante a faculdade. Por vezes, quando tinha a intenção de ler a mente de alguém na platéia, ele recebia uma clara imagem mental do ambiente familiar distante da pessoa da platéia – uma casa branca de tijolos, por exemplo, ou os detalhes de uma colcha, ou mesmo a decoração da mobília da sala de estar. Muitos mágicos profissionais famosos – alguns detestam lidar com a PES – relataram coisas semelhantes.

Além de nossa formação científica partilhada, estudamos a Filosofia Perene e *A Course In Miracles* durante muitos anos, e tivemos a graça da oportunidade de estudar com mentores espirituais iluminados de orientação cristã, teosófica e budista, bem como da tradição do sábio indiano Ramana Maharshi.

Detalhamos nosso ponto de vista e nossas experiências de cura espiritual no nosso livro *Miracles of Mind.* Esperamos aqui nos desenvolver sobre esses tópicos para mostrar como as evidências científicas modernas dos fenômenos parapsicológicos se enquadram com milênios de doutrinas místicas de sabedoria. Procuramos explorar a rica interseção de misticismo e ciência parapsicológica e mostrar como ambas representam uma experiência de Deus disponível a nós.

Os mestres da sabedoria em toda a história mostraram que a experiência de Deus é possível sem se pertencer a uma igreja nem seguir uma religião, enquanto o motivo fundamental de alguém é descobrir a verdade. O dr. Herbert Benson propôs recentemente que nós – o nosso corpo e o nosso cérebro – estamos "interligados pela rede a Deus". Com isso ele quer dizer que nos últimos 2.500 anos – de Buda, Jesus e Baal Shem Tov (o fundador do judaísmo hassídico) a poetas tais como Blake, Emerson e Rumi, estendendo-se aos adeptos da meditação transcendental contemporânea de Maharishi – os místicos partilharam uma experiência hoje comum ao alcance de todos.

Os escritores contemporâneos enfatizaram o caráter comum dessa experiência. Em seu *A History of God*, Karen Armstrong nos chama a todos *Homo Religiosus*. "Os homens e as mulheres começaram a venerar os deuses assim que se tornaram notadamente humanos", ela escreve.[3] Em seu livro *The Marriage of Sense and Soul*, Ken Wilber identifica a Grande Cadeia do Ser como uma doutrina comum a todo sistema de crença religioso. "De acordo com essa visão quase universal", ele escreve, "a realidade é uma rica tapeçaria de planos entrelaçados, estendendo-se *da matéria [física] ao corpo [biologia], à mente [psicologia], à alma [teologia] e ao espírito [misticismo]*. Cada nível anterior 'desenvolve' ou 'desdobra' suas dimensões posteriores."[4]

Sempre que nos sentamos tranqüilos sobre uma pedra e aquietamos nossa mente, temos a oportunidade de viver uma união oceânica com algo fora do nosso eu separado. Para muitos, essa ligação é vivida como um sentimento de amor de extremo impacto, e pode constituir uma parte do nosso processo de evolução como espécie.

O sentimento de amor universal, sem nenhum objeto particular, amiúde se associa à compreensão de que pertencemos a uma comunidade de espírito que desenvolve todos os seres vivos. Esse sentimento de consciência ilimitada, não conectada, foi descrito por muitos como uma experiência de Deus. A dádiva de uma mente tranqüila permite-nos entender o que significa amar apenas, em comparação com amar alguém. É possível habitar no amor como uma forma de vida. Essa experiência é a fonte de uma expressão que não raro se ouve – "Deus é amor" – que num contexto comum é posta de parte como mero clichê ou, o que é pior, como incompreensível.

Essas experiências oceânicas, tranqüilas, de amor, são exemplos do sentimento instigante de "unidade" que os místicos têm-nos incitado a investigar há milênios. Jesus chamou esse estado de consciência de "a paz que ultrapassa todo o entendimento", e um "reino que não é deste mundo". Os hindus o chamam de "beatitude" ou *ananda*. E o Buda chamou isso de "nirvana" ou "não-mente", significando a ausência de pensamentos que prejudicam uma consciência da unidade indivisível.

Esse estado está disponível para nós *agora*, enquanto habitamos o mundo, quer conheçamos ou sigamos ou não quaisquer doutrinas religiosas. Essa experiência ampla é belamente descrita por Joan Borysenko em seu livro recente *The Ways of the Mystic*: "Quando o coração está aberto, sobrepujamos a ilusão de que somos separados um do outro, e o Mistério do Amor Divino nos envolve num manto de segurança."[5] Ela delineia sete caminhos para Deus, caminhos que as pessoas seguem para expressar sua espiritualidade. Os caminhos incluem as vias da terra e da natureza, do serviço, da sexualidade/criatividade, da observância religiosa, da contemplação, do amor e do dever e, por fim, da fé.

O caminho para Deus que descrevemos no nosso livro passa por ser silencioso, por não ir a parte alguma, por nada fazer. Trata-se da forma da experiência direta, sem tentar nenhum método particular nem acreditar em nenhuma escritura especial.

Este livro não nasceu das crenças dos autores em coisas espirituais ou teológicas. Enquanto estamos acostumados a chegar a conclusões, conceitual e intelectualmente, com base no nosso treinamento na ciência e na pesquisa, a motivação para escrever este livro tem raízes na nossa experiência e na nossa ligação mútua entre os corações com respeito a mestres, em vez de na análise.

Jane, em particular, busca neste livro explicar para os leitores, *antes* que eles adoeçam, de que modo uma coisa aparentemente não-científica e não-lógica, como a cura espiritual, poderia ser eficaz, e por que ela trocou sua carreira respeitável na universidade, como professora e pesquisadora, por uma vida de meditação, oração e cura espiritual. Ela quer principalmente responder a todos os seus amigos anteriores, colegas e membros embaraçados da família que perguntam, "Por que uma pessoa tão inteligente, mas, é claro, não-iluminada, como você, está fazendo uma coisa tão estranha quanto *esta*?"

Falar sobre Deus no século XXI

No começo do século XX, dois dos maiores lógicos do mundo, Ludwig Wittgenstein e Alfred Ayer, escreveram respectivamente *Tractatus Logico-philosophicus* e *Language, Truth and Logic*. Esses dois livros muito influentes tentavam descrever a física e a metafísica do que se sabe sobre a realidade. Esses Positivistas Lógicos proclamavam que nada significativo poderia ser dito sobre Deus, porque nenhuma experiência poderia ser projetada para provar ou desmascarar, verificar ou falsificar o que quer que dissessem; mas, pelo final de sua vida, ambos estavam dispostos a examinar seriamente a idéia de que a experiência dos místicos podia de fato ser considerada como dados – algo que se pode observar num experimento. De fato, no último livro de Wittgenstein, *On Certainty*, ele deu primazia à experiência em detrimento da teoria.

O filósofo Ken Wilber deixa claro esse aspecto em seu livro *Quantum Questions*. Ele afirma de modo convincente que embora a física nunca explique a espiritualidade, os domínios espirituais podem ser explorados pelo método científico. "A afirmação contrária ao senso comum de que toda experiência religiosa é privada e não-comunicável é neutralizada, para dar apenas um exemplo, pela transmissão da iluminação de Buda até os mestres budistas de hoje" (permitindo que seja experimentada e discutida hoje).[6]

Durante milhares de anos, mestres de sabedoria, tais como o Buda, apresentaram uma visão de mundo a todos os que quisessem ouvir. Eles descreveram uma prática acessível a todos para a observação e a experiência. Eles nos convidam, pois, a que comparemos nossa experiência e vejamos se ela corresponde à sua doutrina. Em última análise, isso se nos apresenta como uma abordagem empírica, aceitavelmente científica, da espiritualidade.

Wilber descreve três vias diversas e igualmente válidas do empirismo científico: O *olho da carne*, que nos informa acerca do mundo de nossos sentidos; *o olho da mente*, que nos permite o acesso à matemática, às idéias em geral e à lógica; e *o olho da contemplação*, nossa janela para o mundo da experiência espiritual. Nenhuma dessas abordagens sugerem que devamos acolher qualquer conjunto de dogmas, nem que precisamos integrar Papai Noel numa visão científica do mundo moderno. Elas, contudo, nos incitam a olhar além de nossa mente pensante e a descobrir quem somos.

As filosofias indianas professam que a mente é consciência em movimento, e que a consciência de cada um é o aspecto condicionado de Deus, caracterizado pela Consciência Infinita, ou o que eles chamam o "Eu". Nosso corpo é um instrumento de cognição e ação; somos os instrumentos e a expressão da energia criativa de Deus. "Tudo o que vive contribui para proteger, perpetuar e expandir a consciência", de acordo com o sábio vedanta Sri Nisargadatta Maharaj.[7]

Trinta anos atrás, as revistas do país anunciaram na capa que "Deus está morto". Hoje, diríamos que Deus não está morto nem vivo, mas se manifesta como atividade na nossa consciência, transcendendo e transformando nossa percepção comum. Em seu livro iluminador, *God Is a Verb*, o rabino David Cooper ensina que Deus é uma experiência pessoal ativa em vez de uma entidade distante no céu, e que nós mesmos somos criaturas criadoras de Deus enquanto nos expressamos. Nossos cinco sentidos comuns nos trazem dados do mundo material, enquanto filtram e limitam a nossa exposição ao mundo mais amplo e transcendente da percepção ativa disponível para a mente tranqüila. Neste livro, não abordamos o Deus judeu-cristão, o "Criador do Universo", cuja experiência é difícil para tantos. Estamos felizes por deixar o problema da criação a astrônomos e teóricos que dedicam a vida ao estudo das causas primeiras. A capa de uma *Newsweek* intitulada "A ciência encontra Deus" citou Carl Sagan dizendo que, pelo fato de agora as leis da física explicarem a origem do universo, não há "nada para um Criador fazer", e toda pessoa inteligente é, pois, obrigada a admitir "a ausência de Deus".[8] Embora de novo discordemos de Sagan, somos lembrados de uma história budista concernente a essa eterna pergunta: um discípulo certa vez indagou de Buda, "Por que Deus criou o universo?"; ele respondeu, "Isso não é problema seu. Qual é o *seu* problema?"

O que abordamos nestas páginas são problemas vitais da consciência humana – o modo como a pesquisa científica contemporânea se liga à vida espiritual. No Capítulo 3 exploramos os dados de laboratório para o nosso eu expandido, não como teoria metafísica, mas como foram demonstrados pela existência da *mente não-localizada*: a consciência não refreada pelas limitações do tempo e da distância. As investigações extensas de Stevenson quanto às lembranças pré-natais da criança, sugerindo a sobrevivência de algum aspecto da consciência depois da morte do corpo, são descritas no Capítulo 4.

No Capítulo 5, apresentamos dados de pesquisa hospitalar que apóiam a cura espiritual e a eficácia da oração. O estudo desses fenômenos oferece os "dados do sentido" que Wittgenstein e Ayer queriam no seu exame de Deus. A possibilidade de finalmente preencher suas exigências é a idéia nuclear deste livro, uma abordagem influenciada pelo tratamento técnico fascinante dessas questões epistemológicas apresentadas na antologia de Malcolm Diamond, *The Logic of God*.

No Capítulo 6, explicamos por que um cientista, ou qualquer pessoa voltada ao saber – poderia querer explorar a oração. O Capítulo 7 descreve como criamos nossas experiências de vida por meio do modo que escolhemos para aplicar a nossa atenção. Aqui, convidamos nossos leitores para que considerem a idéia de que a direção da nossa atenção é o instrumento mais poderoso de que dispomos para transformar a nossa vida.

No Capítulo 1, exploramos a ilusão da separação, o que os místicos disseram sobre ela e como essa experiência transcende a abordagem analítica favorecida pela ciência. No Capítulo 2, examinamos a Filosofia Perene – como podemos encontrar as verdades místicas comuns em todas as tradições de sabedoria e nas religiões, mas que não precisamos delas para encontrar a experiência de Deus.

Em todo o livro mostramos que não existe conflito entre a experiência de Deus e a ciência moderna. De fato, a capacidade de experimentar Deus ocorre num estado de percepção que transcende a capacidade analítica de compreensão da mente. No começo dos anos de 1800, o renomado astrônomo francês Pierre Simon Laplace ensinou que todos os eventos futuros poderiam ser conhecidos se conhecêssemos a posição e a velocidade de cada partícula no universo. Hoje, a ciência é muito mais humilde. O Princípio da Incerteza, às vezes conhecido como Princípio da Indeterminação, é um conceito fundamental na física quântica moderna descoberto nos anos 20 por Werner Heisenberg. Isso mostra que é *impossível* saber a posição exata e a velocidade de um único átomo.

Na matemática, a prova mais significativa, e possivelmente a idéia de mais amplo alcance do século passado, é o Teorema da Incompletude de Gödel, que mostra que *todo* sistema axiomático ou matemático tem pelo menos uma proposição cuja verdade ou falsidade *não pode ser determinada*.

Mais recentemente, o físico David Bohm escreveu extensivamente sobre não-localização na física, um modelo científico apoiando a idéia de que a separação da consciência de cada um é uma ilusão. Bohm demonstra que todos os objetos no universo interagem uns com os outros, independentemente da distância aparente entre eles.[9] Seu modelo, que ele chama "interconectividade do quantum", retrata a realidade como um grande holograma interconectado.

Depois de séculos de linguagem bombástica acadêmica, estamos por fim prestes a reconhecer como a assim chamada verdade científica é de fato experimental. Num mundo científico cada vez mais regido por leis de "indeterminação", "incompletude" e "não-localização", começamos a achar muito espaço para a experiência de Deus.

Muitos dos que escrevem sobre problemas religiosos ou espirituais insultam a inteligência das pessoas sérias pedindo-lhes que acreditem em coisas que instintivamente sentem como provavelmente falsas, ou dá-se o caso de esses mesmos escritores serem incompreensíveis. Isso amiúde deixa as pessoas revoltadas, frustradas e céticas, sem inspiração para ter uma vida voltada para o espírito.

Em toda parte as pessoas estão buscando formas de levar sentido à sua vida estressante. Nossos dias estão cheios de um número cada vez maior de atividades e de uma quantidade menor de tempo para realizá-las. Buscamos a felicidade por meio da aquisição desesperada de *coisas*. Nós as queremos agora, e queremos que durem para sempre. Apesar de ter mais posses do que qualquer povo na história, apesar de nosso saber avançado, de nossa comunicação sofisticada e de nosso aparato tecnológico, nossa vida vê-se ensombreada pelo isolamento, pelo desespero e pela impotência. Sentimos isso durante o maior período de prosperidade e de saúde da história. Sentimo-nos incapazes de mudar o curso de nossa vida individual, de nossa comunidade ou do nosso ambiente, em que a vida por vezes parece ameaçada de maneira desesperançada.

É óbvio que o sofrimento é universal – decerto não se limita a nenhuma circunstância particular de vida. No entanto, a mensagem dos mestres espirituais em toda a história foi a de que o sofrimento, as crises e o desespero são iniciadores poderosos na descoberta essencial de quem somos. Essa descoberta é a experiência de um estado de consciência que não pode ser alcançado – mas apenas *reconhecido* como a nossa verdadeira natureza, que é a consciência infinita e sem limites. De acordo com a mestra espiritual Gangaji:

> Tentamos tudo para nos livrar do sofrimento. Fomos a toda parte para fazer isso. Compramos tudo para tanto. Ingerimos tudo para nos livrar dele.
>
> Por fim, quando se tentou bastante, surge a possibilidade da maturidade espiritual com a boa vontade de refrear a tentativa fútil de *nos livrar de* e, em vez disso, de sentir verdadeiramente o sofrimento. Nesse instante importante, há a compreensão do que está além do sofrimento, do que é intocado por ele. A compreensão de quem verdadeiramente somos.[10]

A Filosofia Perene descrita primeiro por Aldous Huxley é o fio da verdade universal que permeia as tradições espirituais do mundo. Ela nos ensina que, a par das ações que levamos a efeito para melhorar o nosso mundo, temos também a oportunidade de sentir a unidade e a paz ou o isolamento e o medo. Embora não possamos sempre controlar os eventos em torno de nós, temos poder sobre *como* passar por esses eventos. Em qualquer momento, podemos afetar individual e coletivamente o curso de nossa vida, escolhendo dirigir nossa atenção ao aspecto de nós mesmos que é consciente, e à própria consciência. A escolha sobre onde pôr a nossa atenção é, em última análise, a nossa liberdade maior. Nossa escolha da atitude e do foco de atenção afetam, não só as nossas percepções e experiências, como também as experiências e o comportamento alheios.

Mahatma Gandhi ensinava que "os únicos demônios do mundo são os que rondam o nosso coração. É nele que as batalhas devem ser travadas". O Céu e Inferno estão acessíveis a perguntas, mas nenhuma experiência pode ocorrer na nossa vida exceto na *nossa* consciência, com o *nosso* consentimento.

Um mestre disse a seu discípulo: "Você não tem de buscar Deus. Ele está aqui agora. Se você sempre estivesse aqui, haveria de vê-lo." É claro, Deus não é nem um "ele" nem alguém que seja visto; mas a lição da consciência é poderosa. Neste livro, buscamos tornar acessível a experiência de Deus. Enquanto os dogmas religiosos muitas vezes tornaram Deus inacessível e incompreensível, nossa meta é fornecer uma estrutura em que até os que vêem o mundo analiticamente possam participar de uma vida espiritual significativa e iluminadora.

CAPÍTULO

1 Torna-me uno com tudo o mais

A ilusão que está por trás de nossos sentimentos quanto à separação

No fim de nossas jornadas há apenas o anseio da alma de voltar para Deus.

— Ram Dass

Por que incomodar Deus? Muitas vezes, as pessoas dizem que se voltam para Deus e para a religião a fim de encontrar paz e dar sentido ao mundo. É claro, a questão de se Deus existe ou não raramente faz parte dessa decisão; mas, se Deus realmente existe, por que um rapaz tão inteligente quanto Carl Sagan não saberia disso? Poderíamos dizer que, para Sagan, a ciência era a sua religião – o caminho escolhido por ele para encontrar as respostas às mais importantes perguntas da vida. Infelizmente, a ciência só pode resolver certa classe de questões: as que se ocupam do mundo físico. A ciência não nos pode ajudar a responder às questões ligadas ao coração, como, por exemplo, encontrar um namorado, ter paz de espírito ou descobrir o sentido da vida. E você não pode usar a própria ciência para provar que a ciência é o caminho certo para encontrar a resposta.

Como sugerimos na Introdução, muitos de nós aprendemos dos Positivistas Lógicos, como Ayer e Wittgenstein, que, se algo é ou não comprovável ou refutável pelos métodos científicos, deveríamos considerá-lo indigno de nossa atenção ou até mesmo um absurdo; mas a própria ciência se baseia em premissas não-comprováveis, que a tornam o método mais apropriado para se chegar à verdade. Sagan falhou ao olhar para fora de seu domínio autodeterminado quanto às respostas à questão de Deus. Assim como um homem procurando repetidamente pelas chaves perdidas sob a luz de um poste familiar, Sagan também negligenciou ao examinar áreas da ciência que poderiam lançar luzes às respostas.

É claro, todos estamos em débito com esse grande cientista pelas suas proezas e por introduzir toda uma geração às aventuras do universo. Seu talento como educador e cientista indica precisamente por que suas recusas e suas admissões quanto à espiritualidade são tão importantes. Em seu último livro, *The Demon-Haunted World*, publicado antes de sua morte, Sagan admite a possibilidade de mais estudo de nossa natureza interligada. Ele escreveu: "Há três alegações no campo da PES que, na minha opinião, requerem pesquisa séria: (1) a de que, pelo pensamento somente, os seres humanos podem (claramente) afetar, de modo aleatório, muitos dínamos em computadores; (2) a de que as pessoas com pouca privação sensorial podem receber pensamentos e imagens 'projetadas' para elas; e (3) a de que as crianças pequenas às vezes relatam detalhes de uma vida passada, que, a ser checada, apresenta-se exata, e da qual elas não poderiam ter conhecimento a não ser através da reencarnação."[1]

Examinamos essas muitas áreas no Capítulo 3 como componentes-chave de uma espiritualidade compreensível, aceitando a palavra de Sagan como inspiração: "A ciência não é compatível apenas com a espiritualidade, ela é uma profunda fonte de espiritualidade."[2] Infelizmente, a espiritualidade de Sagan não inclui nem a existência nem a experiência de Deus.

Acreditamos que precisamente essas áreas de pesquisa da PES visam uma atividade e um poder no universo além de nossos eus separados. O primeiro elemento a que ele faz menção é que os pensamentos têm efeitos – efeitos esses que podem ser demonstrados de maneira poderosa na pessoa completamente cega e em estudos realizados em hospitais quanto à eficácia das orações. Publicados recentemente, esses experimentos de "cura à distância", da dra. Elisabeth Targ e do dr. Randolph

Byrd, foram bem-sucedidos tanto com relação à AIDS quanto com pacientes cardíacos. A oração surge para manifestar o poder do universo, que muitas pessoas associam à existência de Deus.

A segunda parte da pesquisa da PES ou psi que Sagan achava interessante era o fato de que as pessoas podem receber pensamentos e impressões vindos de fora. Essa área de estudo tem sido objeto de duas décadas de pesquisas remotas no Stanford Research Institute, no qual centenas de pessoas comuns aprenderam a viver e a descrever acontecimentos distantes e locais que eram bloqueados pela percepção normal. Segundo nossa própria experiência com essas conexões de uma mente a outra cientificamente demonstradas, estamos confiantes de que fazer contato com pelo menos um elemento de nossa comunidade espiritual não é difícil. Esse elemento é a consciência infinita de que todos nós partilhamos, que nos liga através do tempo e do espaço. Seguindo o modelo do físico David Bohm, referimo-nos a essa consciência ampliada, que transcende tempo e espaço, como nossa mente não-localizada. Como mencionamos anteriormente, Bohm chama a isso ligação quântica. Essa ligação é o que nos possibilita sentir que somos parte de uma comunidade espiritual.

A idéia de estar conectado à nossa comunidade não é absolutamente apenas uma prescrição da religião. Nos anos de 1980, a Stanford University, com seu grande hospital orientado para a pesquisa, observou que os engenheiros da Lockheed Missiles & Space Corporation estavam tendo mais ataques cardíacos do que o normal. Os psicólogos da Stanford entrevistaram os sobreviventes a fim de investigar o seu sistema de cópia e as suas estratégias. Eles perguntaram a esses homens, "Quantos amigos íntimos você tem com os quais pode conversar sobre os seus problemas mais importantes?" A resposta mais freqüente a essa pergunta era "nenhum". Descobrir esse fato surpreendente, por meio dos pesquisadores, foi uma das nossas motivações para escrever este livro sobre ligações.

Finalmente, o terceiro ponto de Sagan sobre PES: O psiquiatra Ian Stevenson reuniu milhares de relatos de crianças em todo o mundo que haviam descrito a seus pais as lembranças de vidas passadas. Essas crianças eram capazes de guiar seus pais para suas casas numa vida anterior e identificar amigos, esposas e filhos que tiveram no passado, muitas vezes tomadas de uma emoção profunda e apropriada.

Dedicamos adiante um capítulo a cada um desses elementos potencialmente importantes da vida espiritual. Cada um deles demonstra que a nossa separação é uma ilusão, e que há mais coisas para nós do que o nosso corpo físico.

Sagan nunca precisou *acreditar* em Deus – ele precisava *conhecer*; mas, para encontrar Deus, Sagan deveria ter parado de pensar e falar longamente a fim de ouvir o que outras grandes "cabeças" que vieram antes dele disseram. Ele deveria ter parado com seus próprios pensamentos raciais, brilhantes como eram, para permitir que novos conhecimentos penetrassem na sua consciência. Nem toda verdade é compreendida pelo intelecto, independentemente de quão grande ele é. E a ciência, bem como a religião organizada, falhou ao dar às pessoas os instrumentos de que eles necessitam para sentir Deus.

Concordamos plenamente com Sagan num ponto: "O próprio ato do entendimento é uma celebração de alegria, de união... com a grandeza do Cosmos. E o desenvolvimento cumulativo mundial do conhecimento através dos tempos transforma a ciência em algo apenas um pouco menor do que uma meta-mente que transcende o nacional, o generacional."[3]

Gostaríamos de dizer que estamos todos *incrustados numa* meta-mente grandiosa conhecida como consciência, e que a partilhamos. Durante mais de três mil anos, em todas as partes do mundo, os místicos têm descrito suas experiências de união com a "meta-mente" como uma alegria com Deus. Isso muitas vezes foi descrito como a experiência do amor universal – uma descrição muito mais duradoura e estável do que muitas das nossas pretensas verdades científicas.

O quadro científico do mundo muda constantemente. Ptolomeu, um cientista da antiga Grécia, era capaz de predizer o movimento dos planetas bem corretamente, ainda que tenha, erroneamente, situado a Terra no centro do sistema solar. Newton, é claro, contribuiu grandemente para o entendimento da física, mas ele pensava que o espaço era uma estrutura absoluta de referência – algo como um relógio gigante. A teoria da relatividade de Einstein provou que esse conceito era incorreto, e Heisenberg provou que *todas* as medidas são incertas, principalmente no nível quântico. A cada dia, algum novo fato surpreendente ou contraditório acerca do mundo vem à luz. Até a idade do universo está sendo reavaliada depois que se descobriu, recentemente, que os grupos de estrelas globulares são mais antigos do que a data firmemente estabelecida do big-bang.

Mas, quando os místicos serenam a mente, suas descrições dão-nos a impressão de que eles visitaram lugares semelhantes e tiveram experiências parecidas. O grande filósofo empirista C. S. Pierce escreveu um ensaio afirmando que essa unanimidade com respeito à experiência mística através da história era "Uma Prova Negligenciada da Realidade de Deus".

Devido a esse grande sucesso, a ciência tem funcionado, no mundo ocidental, como uma religião. Ela iluminou a nossa casa e nos aqueceu. Ela nos proporcionou meios de viagem, comunicação e entretenimento. Ela dobrou a nossa expectativa de vida no último século. E nos forneceu progressivamente um quadro compreensível do universo físico. Por fim, a ciência forneceu muita quantidade para a nossa mente, mas não necessariamente qualidade para o nosso coração.

Além da ciência: a experiência

Assim, o que há de novo em nossa visão de mundo? A verdade surpreendente é que vivemos num mundo semelhante a um oceano cheio de amor. Sabemos que essa é uma proposição incompreensível e soa como algo não-científico. Embora muitos de nós sintam isso ocasionalmente, muito poucos de fato entendem suas grandes possibilidades. Apenas a vislumbramos de vez em quando. Podemos sentir intuitivamente que, enquanto permanecemos entrincheirados no nosso eu isolado, estamos perdendo algo importante em nossa vida; mas quando finalmente conhecemos essa importante parte perdida do quebra-cabeça, compreendemos por que estamos aqui – e como pretendemos continuar vivendo.

Os sentimentos de paz, amor e conexão, acessíveis à mente serena, foram descritos por místicos e poetas desde Buda e Rumi até Emerson e Whitman. Eles nos dizem que podemos sentir o mundo como um lugar mais iluminado e amoroso se deixarmos de "correr no automático". Eles dizem que a única maneira de você assumir o controle da sua mente é aprender a ajudar a si mesmo.

A experiência do sofrimento é opcional

O dogma fundamental do budismo professa que, mesmo que nossa vida esteja repleta de acontecimentos dolorosos, nosso sofrimento é opcional e desnecessário. Todos temos emoções negativas, pensamentos confusos e sofrimento real, mas não temos de vivenciar essas coisas como sofrimento. Temos a oportunidade de observá-los e deixar que se vão. Qualquer um de nós teve certa oportunidade de descobrir pessoalmente que, quando concentramos nossa atenção no presente, até o medo da morte desaparece.

No começo de 1997, Russell viu-se no Hospital Presbiteriano de Columbia na cidade de Nova York sofrendo de sangramento grave e misterioso. Ele descreve sua experiência: Eu estava sendo tratado por três médicos em quem depositava grande confiança. Porém, enquanto olhava para esses sábios homens de pé junto do meu leito, ficou claro para mim que eles não sabiam o que estavam fazendo. Com lágrimas escorrendo-me pelos ouvidos, deparei a possibilidade real de que eu em breve poderia morrer. À medida que a noite caía, lembrei-me do ensinamento de que a renúncia não é sinônimo de desistência. Parei de tentar tomar a frente de meu próprio caso e deixei que o universo seguisse o seu curso. Vali-me do famoso mantra "Deixa que vá, aceita Deus", e ouvi, com toda a atenção, o quarteto de cordas de Haydn que um amigo bondoso me havia trazido.

À proporção que me envolvia cada vez mais com a música, meu medo foi diminuindo. Enquanto seguia compasso por compasso da música, o medo desapareceu inteiramente. Meu lado cientista viu-se perplexo. Descobri que eu poderia aumentar e diminuir a minha experiência do medo abrindo e fechando a amplitude temporal das minhas janelas de atenção. Compreendendo que o momento presente está isento de medo, fui dormir e acordei no dia seguinte a caminho da recuperação.

A lição fundamental para mim foi que tanto o medo como a depressão estão no futuro baseados nas impressões do passado. A oportunidade de mudar de opinião e de encontrar paz, sentido e amor em meio à batalha foi ensinada por milhares de anos. A razão de ter caído no esquecimento nessa era científica é que a senda reside na *experiência* em vez de na análise. Como bom cientista, Sagan nega o valor da experiência, dizendo, "Os milagres são atestados; porém, e se em vez disso eles forem uma mistura de charlatanismo, estados incomuns da consciência, percepções equivocadas dos fenômenos naturais e doença mental?"[4]

Na verdade, em 1996, a relação diagnóstica psiquiátrica oficial, DSM-IV, considerou a idéia de que "às vezes as pessoas podem ler os nossos pensamentos" como sendo evidência de doença mental por si mesma. Embora essa idéia ainda seja suspeita, atualmente outras indicações são necessárias para levar alguém para o hospital. Nós, por outro lado, cremos que as conexões de uma mente com a outra, a comunicação mediúnica, a empatia e os sentimentos de unidade são todos partes de um caminho transcendente que leva à paz e ao sentido.

Karen Armstrong explica em *A History of God* que a experiência de Deus nos faculta "nos sentirmos ligados a tudo e a todos".[5] Ora, você pode não sentir vontade nenhuma de estar mais ligado a certos membros da família, colegas de trabalho e pessoas próximas do que já está. Porém, e se houvesse algo que pudesse diminuir a tristeza que advém de se sentir tão separado e isolado? E se houvesse uma forma de estar sozinho no silêncio, sem sentir medo? Será que você não acolheria esse sentimento de unidade – de completude?

Quando uma pessoa acumulou realizações e cômodos cheios de objetos, e depois se mudou para um lugar maior para acomodar essas coisas, o que vem a seguir? Reformas? Viagens? Um carro mais possante e uma televisão maior? Na Califórnia, a resposta é comumente as reformas, que são uma oportunidade de a pessoa concentrar a atenção numa variedade enorme de objetos exteriores, em vez de atentar para a confusão interior.

As oportunidades para a dispersão são ilimitadas

O psicólogo Charles Tart disse recentemente, "As oportunidades para que nos dispersemos são maiores do que nunca – são tantas, de fato, que você nunca *precisa* ter um momento tranqüilo e a sós com a sua própria alma novamente".[6] Porém, pagamos certo preço por essa dispersão quanto ao nosso verdadeiro eu.

Depois de tudo o que envolve fazer e ter, que tal explorar modos alternativos de *ser*? Que regiões exóticas da nossa consciência jazem adormecidas e por descobrir? Buscar a experiência de Deus significa cultivar estados mais profundos e grandiosos da percepção do que a maioria de nós normalmente sente enquanto corremos como autômatos fazendo face à nossa vida.

Muitas pessoas que há muito voltaram as costas para a religião organizada também excluíram a possibilidade de que por trás de todos os dogmas e rituais inacreditáveis estivesse uma *experiência* preciosa de Deus que valia a pena investigar. Cada caminho religioso, condicionado pelo tempo e pela tradição, professa a sua própria abordagem da mesma experiência inefável. O mentor espiritual hindu Sri Maharaj Nisargadatta disse: "A religião são as trilhas por onde alguma coisa viva um dia passou – é seguir essas trilhas até sua fonte."[7] Ele dizia a seus discípulos que voltassem seus pensamentos para medir a profundidade do silêncio, a quietude anterior ao pensamento, sob seu sofrimento em atividade.

Os buscadores espirituais ocidentais da verdade podem optar por cultivar conscientemente o que as tradições espirituais orientais descrevem como "concentração", desenvolvendo o que o psicólogo e mestre da meditação Jon Kabat-Zinn chama de "intimidade com a quietude". Em seu livro *The Essential Mystics*, Andrew Harvey afirma que a verdadeira espiritualidade não versa sobre a fuga passiva da vida terrena, mas, em vez disso, diz respeito à chegada real *aqui*, "em presença plena". Ele descreve a experiência do amor oceânico disponível à mente serena:

> Ele sempre transcende tudo aquilo de que se possa falar, e sempre permanece imaculado quanto a qualquer uma de nossas tentativas humanas de limitá-lo ou explorá-lo. Todos os místicos de todas as épocas e tradições despertaram assombrados e em êxtase para os sinais dessa Presença eterna, e lhe conheceram o mistério como sendo de relação e amor.[8]

Chegar à percepção mística

Assim, de que modo se chega a isso? Como temos a experiência de nossa comunidade espiritual? Fazemos isso ao nos tornarmos atentos à consciência da unidade: a ligação mútua de nossos eus individuais. Todas as tradições da sabedoria ensinam que a separação de nossa consciência mútua é um equívoco ou ilusão. As doutrinas espirituais do mundo buscam o mesmo objetivo. Elas nos dizem:

> "O reino de Deus está dentro de nós." – Cristandade
> "Olha para o interior, tu és o Buda." – Budismo
> "Deus mora dentro de você como você mesmo." – Yoga
> "Atman (a consciência individual) é Brahman (a consciência universal)." – Hinduísmo
> "Aquele que conhece a si mesmo conhece a seu Senhor." – Islã[9]

Eu, Russell, muitas vezes ouvi falar que Deus é amor, coisa que julguei ser apenas algo que os cristãos dizem para irritar os que não crêem. Mas, é possível abrir esse pequeno pacote de sabedoria. Agora eu o entendo como a *experiência* do amor irresistível que advém de estar em contato com uma essência espiritual maior do que eu mesmo. Esse sentimento abençoado transcende o meu conhecimento dos limites de tempo e espaço. É uma experiência fora do tempo – sem projetos futuros nem lamentações passadas.

O mais importante é que o amor oceânico e avassalador que os místicos descrevem é um amor *sem objeto*. A energia vital que anima o ser de alguém *é* esse amor. Para mim, ele foi uma dádiva capaz de mudar a vida, a qual criou um sentimento de gratidão irresistível e de apreciação espontânea por toda a vida, mesmo por pessoas que eu achava que desprezava. Esse amor chega a incluir o amor-próprio, o amor no cerne da pessoa, que não raro é difícil de entender. Com essa percepção, o eu pessoal se expande além de sua personalidade, das lembranças e da história de vida, para ver-se ligado a todos os seres vivos.

Compreendi que esse amor é a gravidade que nos atrai a todos, e nos mantém juntos numa comunidade de ligação mútua. Assim como não posso ser um músico pensando sobre música, não posso conhecer Deus nem o amor simplesmente exercitando o meu intelecto. O mestre budista tibetano Sogyal Rinpoche nos diz: "A verdade absoluta não pode ser compreendida no domínio da mente comum. E a senda além desta mente, todas as grandes tradições da sabedoria nos têm dito, passa pelo coração. Essa senda do coração é a devoção."[10]

Os mentores espirituais dizem que, para estabelecer e conservar qualquer relacionamento, a percepção afetiva – a disponibilidade para se ligar – deve ser expressa. O mesmo serve para a conservação de uma relação com a consciência infinita, conhecida como Deus.

Charles Tart escreveu extensivamente sobre o que ele chama de "conhecimento específico do estado" – que certos tipos de conhecimento só estão disponíveis nos estados correspondentes da percepção. O problema é que descobri que tenho de estar disposto a desistir do meu sofrimento pessoal para viver essa dimensão de estado específico do espiritual. Na condição de cientista, eu tinha medo tanto de entregar minha mente analítica ao estado do amor altruísta quanto de conhecer a morte. O amor irresistível me parecia sexualidade incontida, perda de controle.

Os mestres espirituais nos dizem que todos os nossos medos desembocam, em última análise, no nosso medo da morte. Por causa da nossa visão de mundo materialista, temos a intenção de preservar o nosso corpo e tudo o que o acompanha. Associamos a preservação da nossa riqueza com a preservação da nossa vida. Temos medo de que a unidade haverá de interferir na sobrevivência da nossa identidade isolada. Os mestres da sabedoria afirmam que essa ilusão de separação é exatamente o problema.

O cerne da doutrina budista sobre esse assunto, de acordo com a meditadora e mestra de toda uma vida Treya Killam Wilber, é "livrar-se do pequenino eu".[11]

Autoconhecimento

Estudar o budismo é estudar o eu.
Estudar o eu é esquecê-lo.
— Dogen, *The Way of Everyday Life*

Livrar-se do eu pequenino e "amar o vizinho" são a *conseqüência* do autoconhecimento, não a causa. E esse autoconhecimento advém da experiência, não dos livros, nem das autoridades, tampouco dos dogmas religiosos. Quando temos a experiência direta de quem somos, a partir da perspectiva espiritual da consciência, compreendemos que a percepção de nós mesmos como uma entidade separada não tem nenhuma existência independente real, porque a nossa consciência não tem fronteiras.

"O verdadeiro valor de um ser humano é determinado primeiramente pela medida e pelo sentido em que ele conseguiu a libertação do eu", escreveu Einstein em 1934. "Um ser humano é uma parte do todo, a que chamamos 'Universo' – uma parte limitada no tempo e no espaço. Ele sente a si mesmo, seus pensamentos e emoções como algo separado do resto – um tipo de ilusão de óptica da consciência."[12]

O filósofo holandês do século XVII Baruch Espinoza ensinava a visão panteísta de que Deus é onipresente e ilimitado – isto é, Deus está presente em nós e em *todas as coisas*. Espinoza buscava libertar as pessoas do medo ensinando que até as coisas que as pessoas e religiões percebiam como o mal faziam parte da perfeição de Deus. Embora Espinoza tenha sido excomungado de sua sinagoga por suas visões radicais, ele foi poupado da morte pela Inquisição por ser judeu. Einstein, três séculos depois, quando indagado sobre se acreditava em Deus, afirmou que acreditava no Deus de Espinoza: "O princípio organizador do universo." Podemos ver claramente a perspectiva mística de Einstein nos seus escritos:

> A mais bela experiência que podemos ter é o misterioso. Trata-se da emoção fundamental que é encontrada no berço da verdadeira arte e ciência. Quem quer que não a conheça e não possa mais assombrar-se, maravilhar-se, é como um morto, e seus olhos nada enxergam.[13]

Que caminho leva à paz?

Em termos típicos do século XXI, precisamos apenas deixar nossa mente "ligada" no sentido de que participe da internet psíquica a que *já* nos conectamos, superando, assim, a ilusão de separação. Cada uma das principais religiões tem o mesmo objetivo: nos fornecer um modo de conhecer Deus e ter a experiência dele. A única diferença está nas instruções para pôr em prática esse conhecimento.

Milhões de pessoas em todo o mundo descobriram Deus por meio dos Vedas, do Bhagavad Gita, da Torá, do Novo Testamento e do Corão. A doutrina formal professada por cada religião pode ser vista, sem desrespeito, como um tipo de "*software* sacramental". A intenção original de cada religião era nos oferecer um sacramento ou ritual para nos permitir a experiência de Deus e também conversar com ele. Pense nisso: durante séculos sem conta temos travado guerras santas por causa do *software*!

Quando Ken Wilber escreve sobre as diversas sendas espirituais, ele diz, "Não se trata de crenças, de teorias, de idéias, de teologias, ou de doutrinas. Trata-se, para ser mais exato, de veículos, de práticas experimentais. São experimentos a serem executados..."[14]

Aqui no Silicon Valley, perto das praias da bela Baía de São Francisco, vivemos num mundo de tecnologia e restaurantes. Muitos moradores desta região bem próspera se concentram desesperadamente em dinheiro, corpos e tudo o mais. A tragédia de nossa prosperidade é que, enquanto oportunidades diversas para fazer dinheiro estão em toda parte, criar, dar e receber *amor* por vezes ganham menos ênfase – não obstante as tentativas pessoais. Na queda econômica dos anos de 1980, muitos homens e mulheres endinheirados perderam suas residências elegantes e foram obrigados a dormir em seus BMWs.

No último grande projeto, eu, Russell, continuava trabalhando como cientista aeroespacial quando o meu grupo recebeu um bilhão de dólares para instalar um *laser* muito poderoso numa aeronave Boeing 747 para abater mísseis Scud. Esse projeto empregou localmente cerca de cem cientistas e engenheiros que trabalharam juntos em profunda desarmonia e desrespeito. Em certa ocasião, um colega me disse, "Havia tanto medo naquele ambiente, que você era capaz de senti-lo pairando no ar quando adentrava o recinto". Minha motivação particular quanto a escrever este livro é ajudar meus irmãos e irmãs no espaço aéreo a encontrar uma forma de escolher novamente – escolher a gratidão por nossas vidas aprazíveis em vez do medo.

As pessoas têm medo de não cumprir prazos, extrapolar os orçamentos, não conseguir cumprir exigências técnicas impossíveis, chegar a becos sem saída na carreira ou perder o emprego. Todas essas preocupações derivam de certo sentimento de escassez. No Silicon Valley, as pessoas têm muito mais medo da pobreza do que da morte ou da doença. Num aspecto da minha vida, passei por essa crise de falta de sentido e desespero. Eu estava intencionalmente guiando a minha motocicleta sem capacete, com a idéia de que, se eu morresse, não seria minha culpa. Posteriormente, compreendi que viver numa cadeira de rodas com o crânio fraturado não ia melhorar muito a minha perspectiva de vida.

Nós, no posto de escravos da aeronave, nos queixávamos acerca de um sem-número de problemas: pagar nossas hipotecas, juntar com dificuldade o dinheiro para a faculdade, achar uma companheira, e a questão de se Jerry Rice, do San Francisco 49s, seria capaz de jogar mais uma partida. O desenho que se segue, tirado do *Utne Reader*, é uma representação surpreendentemente realista da consciência de muitos homens: três partes iguais quanto a sexo, carreira e esportes. Embora esses mapas sejam divertidos, eles são também descrições lamentavelmente verdadeiras do modo como muitos de nós vivemos: um caminho para o desespero. Como membro atuante da sociedade, é muito difícil saber onde concentrar a minha atenção para achar a paz. Estou triste por descobrir que não a posso encontrar no meu *New York Times* matinal.

Com décadas de sofrimento em meio à fartura, aprendi que nada me *fará* feliz. A felicidade não pode ser encontrada nem alcançada. Trata-se de um *processo*, e de um estado mental determinado por si mesmo. O acontecimento emocionante e feliz por que ansiei, quando finalmente ocorre, termina num instante. Então, volto ao meu estado mental anterior – seja ele qual for. Afirmações e pensamentos que começam com "Finalmente serei feliz quando..." são simplesmente falsos. Por exemplo, de maneira surpreendente, mais vidas são arruinadas do que salvas quando se ganha na loteria. O divórcio e a falência são um resultado muito mais comum do que a felicidade e a liberdade econômica. Isso talvez explique, como o professor de religião Robert Thurman sugeriu, o número cada vez maior de celebridades budistas, que compreenderam que seus objetivos máximos de fama e riqueza não traziam felicidade.

FREQÜÊNCIA DO PENSAMENTO NA FORMA DE MAPAS-TORTA

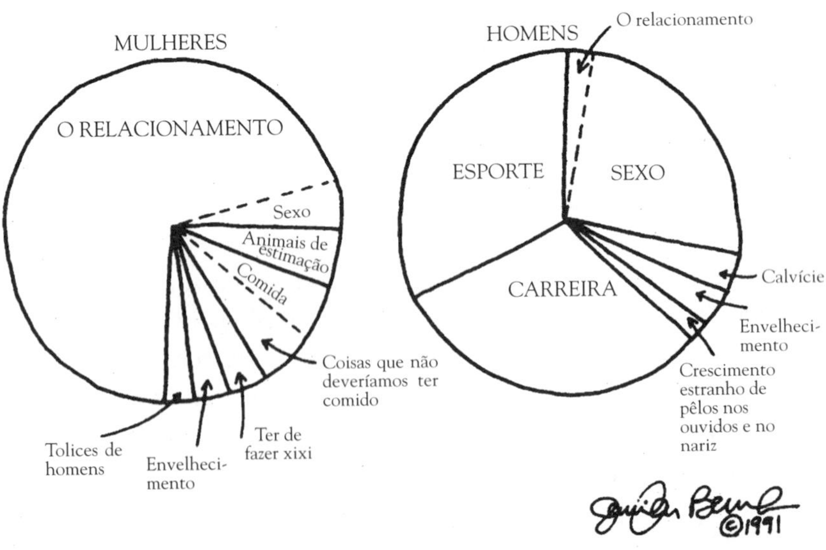

Em seu livro desbravador de nome *Flow*, o psicólogo Mihaly Csikszentmihaly entrevistou milhares de pessoas sobre a experiência de vida interior delas. A partir desses dados, ele descreve as fontes de felicidade dessas pessoas:

> O que eu "descobri" foi que a felicidade não é algo que acontece. Não é o resultado da boa fortuna, nem do acaso. Não é algo que o dinheiro possa comprar, nem o poder comandar. Não depende de fatos exteriores, mas de preferência do modo como os interpretamos. A felicidade, na realidade, é uma condição que deve ser cultivada e preservada particularmente por cada pessoa. *As pessoas que aprendem a controlar a experiência interior são capazes de determinar a qualidade de sua vida, que é o ponto máximo aonde cada um de nós pode chegar no que concerne a ser feliz*. [O grifo é nosso.][15]

O filósofo e mestre Andrew Cohen também escreve sobre a busca da paz de espírito. "A menos que o indivíduo permaneça pelo menos 51% nesse estado de não-conhecimento [entrega] da mente", ele escreve, "*será impossível assumir qualquer grau de perfeição*, que é a verdadeira expressão da fonte máxima do ser..."[16] Em outras palavras, a ciência e a análise não são sempre a resposta.

Muitas escolas de psicanálise ensinam que é *inútil* para o terapeuta astuto descrever o problema de um paciente para ele próprio. Este deve conhecê-lo. Isso é muito difícil para a mente racional entender. Temos de conhecer a resposta no nível não-analítico, visionário ou somático da percepção, porque é aí que está o problema.

Um problema principal de muitas igrejas e sinagogas atualmente é que todos se sentem bem falando *sobre* Deus, mas o silêncio se torna insuportável quando somos requisitados a ter a *experiência* de Deus. Esta *é* inefável e silenciosa. Com o desejo cada vez maior de uma vida espiritual em toda a América, está nascendo a idéia de que isso requer de nós que enfrentemos o nosso desconforto com relação ao silêncio e à disponibilidade para mudar.

Muitas pessoas, até mesmo cientistas, estão reconhecendo que, se concentrarmos perpetuamente nossa vida no exterior, em adquirir coisas no futuro, tais como dinheiro, posses, sexo ou até a morte, a conseqüência será inevitavelmente algum tipo de desespero, raiva, ressentimento e medo. Seguindo o exemplo de Andrew Cohen, preparei uma cartografia que mapeia o território do desespero à felicidade. Estou confiante acerca dos pontos extremos do mapa que mostramos abaixo. Despender 100% de nosso tempo pensando em dinheiro, no corpo e em coisas que tais definitivamente só faz levar ao desespero. E despender 100% de nosso tempo tendo a experiência do amor e da união provavelmente levará a um afastamento glorioso do plano material, talvez porque você venha a se esquecer de comer.

Não estou malhando a sexualidade como um idiota – muito pelo contrário. Evidentemente, ela alimenta o corpo, a mente e o espírito. Nós *estamos* preocupados com o fato de que o foco materialista e posses-

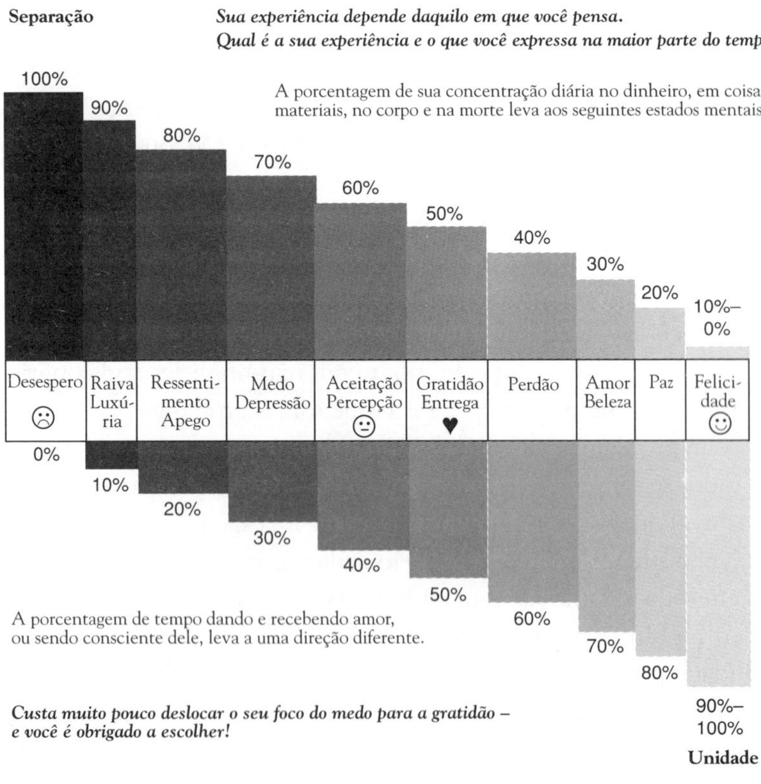

sivo tão predominante nos meios de comunicação de massa, nos vestiários e nas conversas comuns freqüentemente leva à banalização, ao sofrimento e à dor.

Nesse modelo, o passo mais importante que uma pessoa pode dar é do medo para a gratidão. A gratidão é pela graça: as dádivas *imerecidas* de Deus, ou do Universo, que tornam a nossa vida mais saudável e farta do que quase qualquer outro lugar ou época na história do mundo. Eu compreendi que, mesmo que a minha concentração se dê sobre a gratidão por alguns momentos do dia, ainda posso gastar a outra metade do meu tempo me queixando, analisando e me ressentindo. Não é necessário desistir do discernimento para alcançar a paz e o sentido na vida. É como um pequeno passo, mas ele tem a capacidade de levar a efeito uma grande mudança na minha atenção e, portanto, na minha experiência. A coisa mais interessante sobre esse passo é que eu não tinha de *fazer* nada. Só tinha de mudar de opinião.

Por exemplo, ao despertar toda manhã, tenho a opção sobre que programa mental seguir. Posso começar o dia pensando nas contas a pagar e no serviço a concluir, ou posso abrir os olhos e dar graças por estar aqui mais um dia, por usufruir de boa saúde considerável e por viver numa comunidade tranqüila. Eu nada tinha que ver com a minha boa fortuna para nascer num país relativamente tranqüilo, por exemplo, de forma que ser grato é provavelmente o mais apropriado.

Ora, a quem eu deveria agradecer? Para alguns, a resposta é óbvia: você agradece a Deus. Para mim, a visão antropomórfica de Deus não é uma resposta inteiramente útil. Os budistas agradeceriam a seu *karma*, a lei de causa e efeito, que parece muito o "princípio organizador do universo" de Einstein. Outros podem agradecer ao universo, ou ao Deus do Amor, descritos pelos místicos de todas as épocas. Este último é a manifestação de Deus cuja experiência é a mais comum. Ao despertar de manhã, posso escolher: "A vida é uma porcaria, por isso posso morrer", ou "Eu lhe agradeço, Deus, por mais um dia de possibilidades infinitas". Uma outra decisão difícil...

Uma forma de passar do medo à gratidão é cultivar conscientemente algum ritual que ajude a silenciar a tagarelice de nosso espírito.

Esse caminho poderia nos ajudar a ter a experiência da amabilidade sem limites que o Buda disse fluía livremente de uma mente serena, e a nos tornar conscientes de nossa verdadeira natureza – a consciência ilimitada. O Buda ensinava uma oração que leva a cabo todas essas coisas. Ela é chamada de oração *metta*, uma prece de ternura e amor. Até mesmo um cientista cético pode sentir-se à vontade com essa oração de dois mil e quinhentos anos, porque ela não requer que se creia em nada. Essa breve oração também poderia causar certo apelo aos cientistas em função de sua notável eficácia. Ela visa em cinco linhas breves muitos aspectos do princípio da vida: paz, amor, gratidão e comunidade.

> Que eu fique em paz.
> Que meu coração continue aberto.
> Que eu desperte para a luz que é a minha verdadeira natureza.
> Que eu seja curado.
> Que eu seja a fonte da cura para todos os seres.

Que eu fique em paz. Não podemos *ter* paz; nosso desafio é ser a paz.

Que meu coração continue aberto. Essa oração reconhece que nosso coração já está aberto para dar e receber amor. Para habitar esse estado pacífico é essencial saber como sair da separação que tendemos a fomentar para assegurar nossa individualidade e controle, que nos são caros.

Que eu desperte para a luz que é a minha verdadeira natureza. A verdadeira natureza é o amor. O universo está repleto de consciência, que anima e inspira cada um de nós, e que expressamos com nossa atenção e zelo.

Que eu seja curado. O primeiro passo rumo à cura é reconhecer que o perdão purga de nosso espaço mental velhas formas de animosidade.

Que eu seja a fonte da cura para todos os seres. Em nosso mundo não-local, se cada um de nós for um centro de gentileza e amabilidade, poderemos ajudar a curar todos os seres, ou pelo menos aqueles que estão ao nosso redor, tirando *a nós mesmos* do ressentimento e nos voltando ao respeito.

CAPÍTULO

2 A experiência direta de Deus

Espiritualidade sem religião

"Eu não preciso de muita fé. Tenho muita experiência."
— Joseph Campbell

Por que buscamos a Deus? Talvez isso se deva ao fato de que a nossa necessidade de ter vidas repletas de sentido, em vez de absurdas é ainda mais forte do que a nossa vontade de diminuir o nosso sofrimento ou de buscar a felicidade. Quando o médico Herbert Benson afirma "Deus nos controla por *hardware*", ele está dizendo que, desde o começo da vida humana, temos nos empenhado em favor de uma ligação com algo maior do que nós mesmos.[1]

Até mesmo as sociedades mais antigas buscavam alguma forma de poder exterior a si mesmas que facultasse o entendimento e o controle do inexplicável à volta delas. Elas cultuavam o poder do Sol, do fogo, dos rios, das tempestades, até das características geográficas – todos os elementos que a maioria das pessoas hoje considera a inconsciência e, portanto, indiferentes.

Talvez, mais do que precisar explicar Deus, nossos ancestrais sentissem a necessidade de lograr o poder da transcendência. Sabemos, por exemplo, que esses homens e mulheres primitivos amiúde cantavam e dançavam noite adentro, às vezes enquanto ingeriam plantas com a capacidade de alterar a mente, a fim de ter a experiência de um poder além deles mesmos e de sua vida difícil. Sabemos que os movimentos rítmicos do corpo, repetidos por longos períodos de tempo, também alteram a consciência. Mais recentemente, dervixes rodopiantes sufis, dançarinos de várias culturas, corredores, esquiadores, ginastas e outros atletas acharam, por meio do movimento, um modo de deter seus processos mentais comuns e ter a experiência de um sentimento avassalador de unidade, disponível a todos os que se afastam do comum. Até as crianças gostam da emoção de girar e girar até perder a noção de espaço, tempo e separação.

Muitos notam que *algo* significativo existe além da sua experiência comum no mundo, mas habitualmente só se deparam com isso quando se apaixonam. Uma das razões pelas quais o sentimento excessivo do amor romântico é tão satisfatório é que por fim começamos a concentrar nossa atenção fora de nós mesmos. Talvez a motivação secreta que muitos místicos têm quanto a passar a vida em silêncio seja ter esse sentimento de amor transcendente durante todo o tempo... Mas, o amor por Deus não é um amor sentimental, desprovido que é de objeto ou coisas por fazer; a grande surpresa é que ele está disponível a quem quer que encontre tempo para buscá-lo.

Ramana Maharshi, conhecido como um dos mestres hindus mais sábios e iluminados, passou a maior parte da vida em meditação silenciosa numa caverna das montanhas. Uma resposta possível ao porquê de ele ter feito isso vem do filósofo Andrew Cohen, que define a iluminação como a entrega do ego-mente à perfeição do cosmos e à capacidade de expressar essa perfeição. Do ponto de vista cristão, poder-se-ia tratar de uma vida consciente de si própria, de andar com Deus, no que se conhece como "prece ininterrupta". Evidentemente, é muito mais fácil para Maharshi ter a experiência de Deus enquanto está sentado em paz sobre um rochedo na Índia do que uma engenheira sobrecarregada de serviço ter essa experiência diante de seu computador em Silicon Valley, mas temos de começar a busca em algum lugar.

A doutrina de Maharshi do exame de si mesmo guia o leitor numa busca sem termo para achar Deus e ter a experiência dele – o amor em seu cerne. Somos instruídos a perguntar primeiro, "Quem sou eu?" – e a seguir, "Quem quer saber?" Ao discutir a contribuição de Ramana Maharshi, o filósofo Lex Hixon escreve, "Ramana pode ser o Einstein da espiritualidade planetária, transcendendo abordagens anteriores da religião, como a Teoria Geral da Relatividade transcendeu teorias mais estreitas anteriores da física".[2]

A mística americana batizada de Gangaji (pequeno Ganges) por seu mentor hindu H.W.L. Poonja é uma mestra contemporânea da linhagem de Maharshi. Gangaji é uma mulher bela e carismática do norte da Califórnia que professa o exame de si mesmo como um caminho para conhecer a verdade. Numa de suas reuniões – chamadas *satsang*, ou associação com a verdade – um homem na platéia lhe disse, "Você mudou a minha vida. Mas não sei o que fazer. Estou apaixonado por você!" Gangaji respondeu, mais ou menos, "É evidente que está. Está certo. Mas não se apegue a este corpo ou forma. Como sabe, o corpo vem e se vai. Mas eu estou feliz por você se unir a mim no amor. Essa é a sua verdadeira natureza".

Na nossa experiência, Gangaji é o exemplo de alguém que vive a verdade, que ensina e estimula os outros a se unir a ela. Ela não só ensina a Filosofia Perene como também demonstra e transmite a todos os que passam períodos com ela a experiência de um coração repleto de amor – o que Jesus chamou "O amor que vai além de todo entendimento". Ela lembra a qualquer um que seja feliz a ponto de ter uma experiência transformadora e exuberante na sua presença, de que "esse amor ilimitado que você agora sente sempre está disponível. *Ele é quem você é*".[3]

No Capítulo 7 descreveremos essa experiência de ser tomado de amor como um orgasmo do coração. Não se trata de romantismo, mas de uma experiência a que os budistas chamam de *sunyata* (vazio ou falta de existência independente) e os hindus chamam de *Advaita Vedanta* (a verdade de não-dois). Essa descrição da consciência da unidade não mudou desde antes da época de Buda, que ensinava, "Quando a sua mente estiver cheia de amor, volte-a para uma direção, depois uma segunda, terceira e quarta, depois para acima, depois para baixo. Identifique-se com tudo, sem ódio, nem ressentimento, nem raiva, nem hostilidade. A mente do amor é muito ampla. Ela cresce incomensuravelmente, e num período posterior pode abarcar todo o mundo".[4]

As experiências que os místicos descreveram desde os primórdios da história são o centro do que hoje se chama Psicologia Transpessoal – a psicologia além do eu. Ken Wilber a descreve como a parte de nosso ser em que "O espírito se conhece a si mesmo na forma de Espírito".[5] Não se trata de um retorno à primeira infância, em que a ignorância é uma sensação e uma bênção não diferenciadas. Em vez disso, é uma percepção expandida, em que temos a oportunidade surpreendente de compreender que amar o nosso próximo é, na verdade, o mesmo que amar a si mesmo. Jung afirmou que Freud estava redondamente enganado ao considerar a experiência transpessoal como uma volta ao "id" pré-pessoal dos recém-nascidos, que ainda têm de separar sua personalidade da de sua mãe. Concordamos com Jung: a liberdade advém da consciência, não da ignorância. Discutiremos essas idéias no Capítulo 6.

Quando as pessoas vivem sua verdadeira natureza como consciência transcendente, ligadas a todos os seres vivos, elas podem descobrir em sua vida muitas coisas que precisam mudar, além de compreender que elas próprias mudaram para sempre. Como descreve o ditado hindu, "Depois que o elefante penetrou na tenda, a tenda nunca mais foi a mesma".

A Filosofia Perene

O filósofo Aldous Huxley tentou destilar das religiões do mundo, com sua "confusão de línguas e mitos... um Máximo Denominador Comum que é a Filosofia Perene no que pode ser chamado o estado quimicamente puro". Huxley sensatamente advertia que "essa pureza final, é claro, jamais pode ser expressa por alguma afirmação verbal da filosofia".[6] Isso nos traz à mente o velho aforismo, "Os que sabem não dizem. Os que dizem não sabem". Nós – cada um de nós – faz apenas o melhor que pode.

Em nossa busca de uma vida espiritual abrangente, adotamos a Filosofia Perene de Huxley como os elementos religiosos duradouros que resistem à ação do tempo e continuam conosco. Buscamos apresentar esses elementos numa estrutura que esteja de acordo com o desejo passional da mente moderna por coerência e consistência. Entendemos que, para ser bem-sucedido em suscitar o interesse de um cientista pela oração, temos de apresentar uma ontologia que não ofenda a sua mente racional. Que tarefa!

Devemos primeiro reconhecer que a ciência com muito êxito descreve um aspecto da experiência humana: o universo material. Por outro lado, a ciência pouco tem a dizer sobre muitas outras coisas que sentimos, tais como o amor e os sentimentos espirituais.

Esses sentimentos universais, expressos em toda a história, foram a fonte da destilação que Huxley fez das doutrinas religiosas do mundo. Aqui está a nossa compreensão dos quatro elementos duradouros segundo Huxley da verdade espiritual do mundo:

1. O mundo da matéria e da consciência individual se manifesta a partir do espírito. O mundo é mais como um grande pensamento do que uma grande máquina.

O físico Amit Goswami escreveu extensamente sobre o assunto, professando que "a consciência é o terreno de todo ser". Ele escreve, "Na Física Quântica, os objetos são vistos como possibilidades... É a consciência, por meio da conversão da possibilidade em atualidade, que cria o que vemos manifesto. Por outras palavras, a consciência cria o mundo manifesto".[7] Ele prossegue explicando, "O universo é consciente de si, mas é consciente de si através de *nós*".

Quando Jesus ensinou, "O reino de Deus está dentro de vós", ele poderia ter querido dizer que os pensamentos e a consciência de todo o universo não-material está disponível à consciência expandida de cada pessoa. Essa antiga verdade, a par da visão moderna de Goswami de que "a consciência manifesta o mundo", sugere que não deveríamos nos surpreender com novas evidências científicas para a eficácia da oração.

2. "Os seres humanos são capazes, não só de saber acerca do Terreno Divino por inferência", escreve Huxley. "Eles também podem compreender-lhe a existência pela intuição direta, superior ao raciocínio discursivo." Ele prossegue: "Esse conhecimento imediato une o conhecedor ao conhecido." Para o profeta Maomé, um filósofo sem a *experiên-*

cia pessoal de sua própria filosofia é "como um asno transportando livros". No Corão, Deus diz a Maomé, "Estou mais próximo de ti do que tua veia jugular".

Essa idéia tem grande voga contemporânea na física quântica. O destacado físico americano John Archibald Wheeler observou que vivemos num universo participatório, onde há pouca separação, se é que ela existe, entre o observador e o observado. Nas pesquisas sobre parapsicologia, isso seria chamado de "conhecimento direto", para o qual já existem inúmeras evidências por parte das pesquisas sobre a ligação entre uma mente e outra, a cura à distância, a visão das coisas remotas e muitas outras áreas que descreveremos no capítulo seguinte.

3. O homem tem uma natureza dual: um ego associado com a nossa personalidade e a nossa moral, o corpo físico, e um espírito eterno ou centelha da divindade duradoura. É possível, se uma pessoa quiser, identificar-se com esse espírito e, portanto, com o que Huxley chama de "o Terreno Divino" ou consciência universal. Depois de mais de cem anos de investigação, existem hoje evidências instigantes de que, além dessa centelha divina do espírito, *algum* aspecto de nossas lembranças conscientes e inconscientes sobrevive à morte corporal. Não é que haveríamos de protelar quaisquer planos atuais para a nossa "próxima vida", mas dados de crianças que se lembram de suas vidas anteriores hoje são bastante fortes, como examinaremos no Capítulo 4.

4. Por fim, a Filosofia Perene ensina que a nossa vida na Terra só tem um objetivo: aprender a unir-se ao Terreno Divino e ao eterno, e ajudar os outros a fazer isso. O budismo se refere ao *bodhisattva*, um ser que se tornou uno com "tudo o que é", e que volta para ajudar todos os seres vivos. O bodhisattva não distingue entre quem está sendo ajudado e quem está realizando a ajuda, porque essa pessoa se encontra num estado em que não há separação. Como o reverenciado mestre zen-budista vietnamita Thich Nhat Hanh nos lembra, quando a mão esquerda está machucada, a direita não pára de ressaltar, "agora, eu estou tomando conta de você".[8]

A extensão da consciência de alguém se expressa como amor universal ou como um objetivo maior do que nós mesmos. Como Viktor Frankl escreve em sua introdução a *Man's Search for Meaning*, "O sucesso, como a felicidade, não pode ser buscado; ele deve seguir-se... como um efeito colateral involuntário da dedicação pessoal a um curso maior do que a pessoa que faz isso". Finalmente, Brian Swimme escreve em seu livro inspirador *The Universe Is a Green Dragon*, "Que nosso destino mais pleno é vir a ser amor na forma humana... O amor é a atividade de evocação do ser, de exaltação da vida. A insistência suprema da vida é que você entre na aventura de criar a si próprio".[9]

Essa aventura de "evocar o ser tornando-se amor" faz eco à mensagem da Filosofia Perene da transformação pessoal da consciência. Ela nos diz que estamos aqui para aprender a nos unir ao Terreno Divino, mas não nos diz como fazer isso. Historicamente houve, e há, muitas formas de ligar nossa vida aos ensinamentos da Filosofia Perene. Essas tecnologias espirituais para unir a consciência da pessoa com Deus são ensinamentos que enfatizam a experiência de Deus acima dos dogmas religiosos.

O questionamento da autoridade

A maioria de nós conhece um adesivo popular nos anos 70 que dizia, "QUESTIONE A AUTORIDADE". Uma leitura dos escritos mais antigos do budismo exemplifica a preeminência que o budismo confere à experiência direta e ao questionamento da autoridade. Ao abordar um grupo de aldeãos em Kalamas, o Buda disse:

> Venham, ó kalamas, não aceitem coisa alguma apenas por ouvir dizer. Não aceitem nada por simples tradição. Não aceitem nada por conta de boatos. Não aceitem nada só porque está de acordo com as suas escrituras. Não aceitem nada simplesmente pela aparência. Não aceitem nada só porque está em conformidade com suas idéias preconcebidas. Não aceitem nada achando que esse asceta é respeitado por vocês.
>
> Quando vocês conhecem por si mesmos – essas coisas são morais, essas coisas são inatacáveis, são elogiadas pelos sábios, essas coisas, quando realizadas e empreendidas, levam ao bem-estar e à felicidade – então, vocês vivem e agem de modo adequado.[10]

Essas palavras de dois mil e quinhentos anos conservam sua grande sabedoria ainda hoje. Esse pensamento constitui o marco de milha de uma espiritualidade que transcende a crença. Não acredite em tudo o que ouve, mesmo que seja dito por Buda. Em vez disso, investigue por si mesmo e veja o que é revelado. Não há nenhuma aproximação na experiência direta. Esse é o apelo do budismo quanto à mente que questiona.

Um ponto de partida para semelhante exame são as Quatro Nobres Verdades do Budismo. A descrição que damos aqui provém da sábia e piedosa mestra budista Sylvia Boorstein, que é também uma judia observante. A delicada abordagem em seu livro *It's Easier Than You Think* é um exemplo de budismo aplicado à maravilha.

As Quatro Nobres Verdades nos chegaram da Índia de 500 a.C. Elas descrevem a condição humana e fazem recomendações para que tenhamos sentido em nossa vida, e em muitos aspectos são paralelas à afirmação de Huxley da Filosofia Perene. Elas também se refletem em muitos dos ensinamentos esotéricos das grandes religiões, inclusive da cristandade agnóstica e do judaísmo cabalista.

A Primeira Nobre Verdade é indiscutível: sentimos dor porque temos consciência da natureza finita, frágil e temporária de nossa vida. O budismo é uma filosofia do autocontrole da mente de alguém. Se não podemos tomar conta de nossos próprios pensamentos borbulhantes, como podemos controlar nossa vida no mundo físico? Como diz Sylvia Boorstein, "O sofrimento é inevitável, mas o sofrimento é opcional".[11] O sofrimento advém da história que ligamos à dor – a culpa e a permanência. A *Course in Miracles* ensina uma idéia esperançosa de modo semelhante: "*Dou todo o sentido que ele tem àquilo que experiencio.*" É assim que Viktor Frankl foi capaz de achar sentido e espiritualidade num campo de concentração.

O sofrimento é subjetivo. Considere o seguinte: um dos piores castigos infligidos aos prisioneiros é serem confinados sozinhos. Ao mesmo tempo, algumas pessoas do norte da Califórnia pagam milhares de dólares por mês por uma experiência semelhante, mas chamam a isso de "retiro silencioso de meditação". A pessoa que medita usufrui a experiência parcialmente porque ela é voluntária, mas também porque essa pessoa sabe o que fazer com a mente para criar uma oportunidade a partir da solidão, em vez de uma punição.

A Segunda Nobre Verdade diz respeito ao sofrimento causado pelo desejo e pelo apego. Ela descreve como a vida vivida no extremo materialista de nosso mapa da experiência no Capítulo 1 leva ao desespero. Esse anseio por coisas materiais, dinheiro e realizações interfere profundamente em nossa fruição passional de onde estamos no momento. Um preceito budista nuclear ensina que fazer distinções leva inevitavelmente ao erro e ao sofrimento. Inevitavelmente, segue-se a imprecisão quando você julga e divide *isto daquilo*. O Buda ensinou esse conceito a partir da observação direta, e agora a teoria quântica o formulou num princípio fundamental de "indeterminação" do universo. Sempre deveríamos continuar com discernimento e coragem diante da injustiça, mas os *julgamentos* nos trazem problemas – sobretudo os dos outros.

Tudo recai no sentido. Podemos ter a lembrança de estar com alguém diante de um *closet* cheio de roupas quando a pessoa lamentou, "Não tenho nada para vestir". E era verdade. Nenhuma das roupas era nova nem atraente. Elas haviam sido privadas de sentido, por meio da familiaridade e, portanto, *não eram* nada.

Uma introvisão final na dor do apego vem do Décimo Mandamento da Bíblia. "Não cobiçarás" é o único mandamento que não pertence à ordem dos feitos. Ele só lida com pensamentos... É possível que a cobiça e o desejo sejam as mais corrosivas das tendências humanas, levando à angústia e danos máximos à sociedade. E nossa dose diária de propaganda de rádio e TV é uma das maiores fontes dessa dor. Sem dúvida, a meta da propaganda é gerar tanta cobiça desesperada, que busquemos alívio para ela comprando e acumulando objetos. Essas são as más novas.

A Terceira Nobre Verdade são as boas notícias terríveis. Como Sylvia Boorstein diz, "A paz de espírito e o coração satisfeito não dependem de circunstâncias externas". Quando controlamos nossa mente fugidia, temos a oportunidade de *trocar o sofrimento pela gratidão*: posso não ter ainda resolvido os problemas da minha vida, mas posso acordar pela manhã e concentrar a minha atenção na gratidão e na minha ligação com a consciência infinita do universo, ou posso retomar meus problemas.

A história inspiradora de um homem que foi capaz de fazer isso é contada pelo escritor francês Jacques Lusseyran em seu alentado livro *And There Was Light.*[12] Lusseyran demonstrou que aquilo em que você *decide* concentrar a atenção é o que você consegue. Depois de perder a visão num acidente aos oito anos, ele contou com suas fontes interiores e com a ajuda de amigos dedicados para completar o secundário e ser aceito na universidade logo que a Segunda Guerra Mundial despontava no horizonte.

Durante a ocupação nazista de Paris, Lusseyran reconheceu que as *informações* eram o ingrediente essencial para ajudar a resistência e manter o moral das pessoas. Com seus amigos, ele criou um jornal secreto bem debaixo do nariz da Gestapo. Sozinho, ele foi escolhido para entrevistar cada membro potencial do bando da Resistência cada vez maior por causa de seu dom único para determinar intuitivamente em quem se poderia confiar. Sua operação secreta continuou por dois anos antes que fossem traídos por uma pessoa acerca de quem o cego Lusseyran havia expressado dúvidas.

No campo de concentração, Lusseyran ocupou-se em encontrar comida para os prisioneiros mais doentes. A despeito de sua cegueira, da fome e do tratamento brutal, ele ajudou a construir um receptor de rádio secreto que se tornou uma inspiração a seus colegas prisioneiros. No final da guerra, ele foi resgatado pelos Aliados, e viveu para se tornar um professor em tempo integral de história na Universidade do Havaí. Em sua autobiografia, ele declara duas verdades que a sua vida notável revelou: "A primeira delas é que a alegria não vem de fora, pois, o que quer que nos ocorra, é sempre interiormente. A segunda verdade é que a luz não nos chega de fora. A luz está em nós, mesmo que não tenhamos olhos." Uma vez mais, a Terceira Nobre Verdade nos lembra que qualquer coisa que vejamos e vivenciemos só tem o sentido que lhe damos.

A Quarta Nobre Verdade apresenta caminhos que podemos seguir para achar a postura mental concentrada e equilibrada que nos permitirá tomar conta de nossa mente. Descrevemos alguns desses caminhos mais pormenorizadamente nos dois capítulos finais deste livro. Embora seja possível ler sobre essas verdades, é muito preferível internalizá-las por meio do contato com um mestre inspirado. Essas vias para a felicidade e a satisfação são descritas em termos budistas como o Caminho Óctuplo: Aspiração Reta, Entendimento Reto, Ação Reta, Fala Reta, Vida Reta, Esforço Reto, Concentração Reta e Compenetração Reta. Todos eles se relacionam, como tudo o mais, mas a aspiração é o primeiro passo essencial.

A paz que todos queremos sentir é alcançada por meio da prática da compenetração. A única forma de sabermos aliviar a nossa dor e o nosso anseio de amor – estarmos *no* amor – é refreando nossa terrível tagarelice mental e assumindo o comando da nossa mente. As tradições místicas ensinam que a mente serena é o caminho mais disponível a quantos buscam viver no amor, ou ter a experiência de se relacionar com Deus, o que julgamos ser a mesma coisa.

A yoga e o arqueiro mítico

As religiões organizadas nos convidam a acreditar que certas palavras, objetos, rituais, líderes e comportamentos éticos codificados compõem o recipiente para fazer com que Deus nos observe e nos conceda graças. Uma diferença entre a abordagem budista e hindu é que a religião hindu tem um panteão de deuses, com Vishnu como Criador, e Krishna em suas muitas formas e aspectos como sua encarnação na Terra. E todos são um só em Brahman – o absoluto impessoal. Muitas seitas budistas, por outro lado, não reconhecem nenhum Deus. Grande parte do hinduísmo místico é conhecido como yoga.

Yoga em sânscrito significa unidade ou "uno com Deus". Na yoga, aprendemos que, para termos a experiência de ser unos com Deus, simplesmente temos de abrandar a mente. Tudo o mais é comentário. Essa é a lição de uma das mais famosas cenas do Bhagavad Gita.

Nos capítulos iniciais do Bhagavad Gita, o texto sagrado hindu escrito no primeiro ou segundo século d.C., Krishna, o filho de Deus, tem uma conversa com Arjuna, o arqueiro mítico e heróico, no campo de batalha.[13] Nessa cena pungente, Arjuna conta a Krishna que ele tem tios e primos em ambos os lados do campo de batalha, e que é provável que ele próprio seja ferido ou morto na luta. Krishna responde: "Faze bem o que quer que faças. És um soldado, e morrer em favor da liberdade contra a tirania é uma nobre morte. Se morreres, não lamentes, sabes que eu te verei da próxima vez."

"Não tens de ler os Upanishades nem os Vedas agora", Krishna prossegue. "Se te sentares, parares de falar e aquietares a mente, então saberás que Deus está aqui contigo." Esse é o ensinamento fundamental de cada uma das sendas místicas espirituais: budismo, hinduísmo, judaísmo cabalista, sufismo, cristandade gnóstica e todas as suas contrapartidas modernas. Isso poderia ser descrito como o caminho para a espiritualidade que resistiu aos tempos: "Senta-te e cala-te."

O conceito de estar quieto faz parte da sabedoria mística espiritual que ensina que a transformação pessoal da consciência faz parte do destino humano. A idéia oriental de que o objetivo da religião é evocar essa transformação começou a se firmar no Ocidente no começo do século XX.

Paramahansa Yogananda, na condição de jovem místico hindu, desempenhou um papel significativo ao levar a ciência espiritual oriental para os Estados Unidos. Em 1920, ele dirigiu uma conferência internacional de líderes religiosos sobre *A Ciência da Religião*. Ele ensinou que a religião é tudo o que motiva a ação de todos; a religião é "tudo o que é universal e mais necessário para as pessoas". Já que todas as pessoas querem evitar o sofrimento e conseguir a felicidade, a religião de uma pessoa necessariamente consiste nessas motivações.

Yogananda abordou diretamente o problema que cientistas como Carl Sagan têm ao acreditar em Deus e em outros conceitos religiosos:

> Para muitos, a mudança das formas e dos costumes constitui uma mudança de uma religião para outra. Não obstante, a implicação mais profunda de todas as doutrinas de todos os diversos profetas é essencialmente a mesma. A maioria dos homens não entende isso... Há igual perigo no caso dos intelectualmente grandes: eles tentam conhecer a Verdade Mais Elevada exclusivamente por meio do

> exercício do intelecto; mas a Verdade Mais Elevada só pode ser conhecida por meio da compreensão... É uma pena que o intelecto ou a razão desses homens, em vez de ser uma ajuda, às vezes seja um obstáculo à sua compreensão da Verdade Mais Elevada...[14]

De acordo com Yogananda, todas as grandes tradições da sabedoria ensinaram que a identificação de nosso verdadeiro eu com nosso corpo é uma ilusão equivocada. Somos mais verdadeiramente espírito que tem corpo por um tempo, em vez de corpo que tem vida ou espírito por algum tempo. Se pudermos entender que o nosso "eu" consiste na consciência não-localizada, então saberemos como serenar nossas sensações ligadas ao corpo e nossos pensamentos ligados ao cérebro podem nos ajudar a vivenciar a nossa essência espiritual.

Onde estavam os cristãos?

Durante séculos, os eruditos religiosos conheceram os místicos do Oriente. Mas só quando Yogananda falou nos Estados Unidos é que a maioria dos americanos tomou conhecimento dos conceitos orientais da mente e da consciência. Helena Blavatsky já tinha criado um movimento espiritual significativo nos anos de 1890 na Europa, introduzindo um misto de misticismo (sobre a experiência direta de Deus) e de vedanta hindu com sua doutrina e escritos sobre teosofia. Mas foi por meio do aparecimento dos Manuscritos do Mar Morto e das descobertas do *Nag Hammadi* logo depois da Segunda Guerra Mundial que o mundo tomou consciência das raízes da Cristandade mística. Esses antigos escritos dos cristãos gnósticos revelaram grandes semelhanças entre o hinduísmo e as idéias religiosas que apareceram durante os cem anos seguintes à morte de Jesus. Elaine Pagels, em seus *Evangelhos Gnósticos*, datou a origem dos escritos gnósticos (*Nag Hammadi*) como sendo de aproximadamente cinqüenta a cem d.C., escritos contemporâneos dos Evangelhos do Novo Testamento.

Nesses textos gnósticos, Jesus diz, "Se trouxeres para fora o que está dentro de ti, isso te salvará. Se não trouxeres à luz o que está dentro de ti, isso te destruirá".[15]

Essa injunção demonstra as semelhanças entre o misticismo gnóstico ou cristão e os escritos budistas, hindus e cabalistas. Pagels escreve que "conhecer-se no nível mais profundo é simultaneamente conhecer Deus; esse é o segredo da gnose". No livro de Pagels, outro mestre gnóstico, Monoimus, diz:

> Abandona a busca de Deus e da criação e de outros assuntos que tais. Procura-o tomando a ti mesmo como ponto de partida. Aprende quem está dentro de ti, quem torna suas todas as coisas e diz, "Meu Deus, minha mente, meu pensamento, minha alma, meu corpo". Aprende as fontes da tristeza, da alegria, do amor, do ódio... Se investigares com cuidado essas coisas, tu o encontrarás em ti mesmo.[16]

O *Evangelho Segundo São Tomé* é um manuscrito do século IV descoberto em 1945 perto de Nag Hammadi no Alto Egito. Ele contém 114 ditos de Jesus, mostrando-o como uma fonte das doutrinas místicas. O Evangelho de São Tomé principia assim: "Essas são as palavras secretas que Jesus vivo falou." Posteriormente, ouvimos os discípulos perguntando a Jesus, "Quando virá o reino?", ao que Jesus replica, "Não virá pela espera dele. Não será o caso de dizer 'aqui está ele, lá está ele'. Em vez disso, o reino do pai está espalhado pela terra para que todos o vejam, mas as pessoas não o vêem".[17]

Esse ensinamento nos lembra que o reino dos céus está aqui – disponível na nossa *mente* sempre que sentimos paz e alegria. Obviamente, o inferno está disponível no mesmo lugar, quando sentimos raiva e medo. Às vezes estamos numa encruzilhada pessoal, onde uma tabuleta diz, "Esse é o caminho para o Céu", e outra diz, "Esse é o caminho para um seminário sobre como chegar ao Céu". Temos então a oportunidade de escolher entre o Céu agora ou o Céu depois.

Os cristãos gnósticos acreditavam que fossem cada qual uno com Deus, bem como com o Jesus ascendido, e portanto não tinham necessidade de bispos, padres e diáconos. Eles escolhiam seu líder a cada Domingo tirando a sorte com palhinhas. A hierarquia da Igreja Romana estava ultrajada pelo fato de um assunto tão importante ser deixado ao acaso, ao passo que os gnósticos diziam, "Deixamos isso com Deus". Clemente, Bispo de Roma (c. 90—100), reconhecia que esses livre-pensadores estavam fora de seu próprio caminho. Ele afirmava que havia um Deus e, portanto, uma Igreja, e a Igreja Romana era ela.

O gnosticismo tinha o apelo da experiência direta. E embora os gnósticos tenham sido perseguidos pela Igreja Romana por mil anos, continuaram a buscar adeptos em grupos pequenos e grandes. Então, em meados do século XI, os gnósticos cátaros, por vezes chamados de albigenses porque viviam em Albige (a região de Toulouse no sul da França), chamaram a atenção de Roma. Essa comunidade ascética de quase cinqüenta mil pessoas partilhava toda a sua propriedade, e sentia que estavam individual e coletivamente em contínua comunicação com Deus e entre si. Roma considerou isso uma heresia intolerável e pediu aos nobres do norte da França, incluindo Ricardo Coração de Leão, que se desviassem em sua Cruzada para a Terra Santa a fim de matar todos os cátaros hereges. Na que é hoje uma famosa troca de cartas, Ricardo quis saber como ele deveria determinar quem matar. O Papa Inocêncio III respondeu, "Mate-os a todos, e Deus saberá por si mesmo". Esse genocídio foi um passo inicial no que veio a ser a Inquisição e o final de qualquer tipo de gnosticismo organizado, o que foi pouco conhecido até as recentes descobertas e traduções do *Nag Hammadi*.

A Cabala e a corrente do ser

O judaísmo de algum modo conservou com êxito sua religião, apesar da Diáspora e de séculos de perseguição. Isso foi conseguido em parte por meio do ensino do respeito pela Torá como a história e o guia revelados por inspiração divina. Eles enfatizam um estudo palavra por palavra e letra por letra desse livro santo por parte de cada indivíduo, a par de um constante questionamento de sua interpretação e sentido. Eis como o jovem Jesus, na Bíblia, pôde manter a atenção dos rabinos enquanto revelava sua interpretação única da Torá.

Um problema para o judaísmo foi que a análise do texto às vezes substituiu a experiência direta de algo além do eu separado da pessoa.

Essa omissão é a causa da grande atração que o budismo tem para muitos judeus, porque o budismo oferece uma espiritualidade experimental e abrangente. Sabemos do excelente livro de Roger Kamenetz, *The Jew and the Lotus*, que mais de um terço de todos os mestres budistas na América são de origem judaica. Recentemente, contudo, um número significativo de judeus está se familiarizando com os aspectos espirituais do judaísmo por meio do movimento de Renovação Judaica, que incorpora um novo interesse no estudo da unidade e do equilíbrio encontrados nas doutrinas místicas da Cabala. O teólogo judeu e rabino Lawrence Kushner escreve:

> Os seres humanos estão unidos uns aos outros e à criação toda. Todos realizando sua tarefa planejada de estabelecer relações com seu próximo. Tirando alimento e sustento de outros indivíduos não-animados. Vindo a ser, crescendo até a maturidade, procriando. Morrendo. Por vezes sem a menor consciência de sua função indispensável e vital no 'corpo' maior... Toda criação é uma pessoa, um ser, cujas células estão ligadas umas às outras num meio chamado consciência.[18]

Acredita-se que a Cabala apareceu primeiro como um documento algum dia perto do final do século XII. Ela ensina que toda ação aqui na Terra afeta todo o domínio divino, quer ajudando quer prejudicando a paz e a tranqüilidade. Cabala literalmente significa receber – tornar disponível a sabedoria espiritual recebida da antiga tradição mística judaica. Os dez símbolos que compõem a "Árvore da Vida" da Cabala, não só mapeiam uma senda espiritual, mas também fornecem um veículo de meditação para a transcendência potencial. Infelizmente, comumente, presta-se mais atenção ao mapeamento do que à oportunidade de transcender o pensamento.

Daniel Matt, em seu *Essential Kabbalah*, escreve, "Nossa consciência é limitada pelas percepções sensoriais, nossa mente abarrotada de formas sensíveis. A meta é 'desatar os nós' que prendem a alma, libertar a mente de definições, passar da limitação ao ilimitado".[19] O seguinte trecho é de sua tradução da Cabala:

> Deus é unidade unificada — um sem dois, inestimável. A genuína existência divina gera a existência de todas as coisas. Não há nada — nem mesmo a menor coisa — que não esteja ligado aos elos dessa corrente. Tudo está atado em seu mistério, preso na sua unidade. Deus é uno. O segredo de Deus é uno, todos os mundos inferiores e superiores são misteriosamente uma coisa só. A existência divina é indivisível. Toda a cadeia é una, até o último elo. Tudo está ligado a tudo o mais. Assim, a essência divina é a mesma abaixo e acima. Não há nada mais.[20]

Essa é uma idéia revelada por meio da experiência direta a um místico em meditação que está passando por uma experiência de união, semelhante àquela dos budistas que professam que "a separação é ilusão". Esse sentimento estimulante de unidade com o universo e com Deus é o que motiva as pessoas a meditar. Serenar os pensamentos revela a consciência de que nossos atos têm conseqüências cósmicas, no que fazemos, dizemos e pensamos. Assim, a cada manhã, podemos optar de novo: vamos ter medo e ser separados, ou seremos gratos e estaremos unidos?

O medo forte, o assim chamado horror da "Noite Escura da Alma" descrita pelo místico cristão John Yepes (conhecido como São João da Cruz) por vezes precede e enseja a entrega a esse sentimento de unidade. A Igreja da Unidade ensina, "Relaxe e entregue a Deus"*. Essa entrega é aceitação da vida no mistério. Entrega não significa "desistir"; ela é mais uma percepção e aceitação da nossa consciência não-localizada. Ela implica a liberação do controle total e o reconhecimento no universo de um poder maior do que o encontrado num corpo separado.

A fé é mais uma forma de aceitação baseada na experiência – por vezes por meio da oração – de Deus na nossa vida. Uma mente silenciosa e uma atitude receptiva e de espera vêm primeiro, criando a oportunidade para transcender o pensamento e o eu isolado. Daí segue-se a fé. Esta poderia ser chamada de entendimento de como funciona o sistema. Minha fé de que posso entrar em contato com a minha comunida-

* Em inglês: "*Let go and let God*".

de de espírito quando aquieto a mente baseia-se na prática e na experiência, não na teologia, assim como a minha fé de que o meu carro dará a partida quando eu girar a chave baseia-se na experiência, não é algo que um vendedor da Honda me contou.

A ciência sempre teve um problema com a "fé" em qualquer coisa exceto na ciência. Mas esta sempre está mudando. O filósofo italiano do século XVI, Giordano Bruno, foi queimado vivo num poste por declarar que a Terra não era o centro do universo, e hoje, em função de observações astronômicas recentes, parece que há de fato muitos universos. Para um físico moderno, esses dados advêm da observação do mundo físico, e eles mudam constantemente. Portanto, as teorias devem mudar. Para o místico, contudo, os dados são a sua experiência – e nos últimos três mil anos a experiência da unidade numa mente serena foi uma verdade duradoura. Assim, parece que, no decurso dos milênios, os dados do místico vêm a ser mais estáveis e confiáveis do que os do físico!

A magia da mente

Acreditamos que os dados das pesquisas contemporâneas sobre capacidades mediúnicas – a parapsicologia – têm um papel a desempenhar quanto a entender e realizar uma síntese útil de várias experiências místicas descritas acima. Queremos enfatizar, contudo, que as capacidades físicas *não* são necessariamente evidências da realização espiritual nem da consciência de uma pessoa. Os dados para nossa percepção extra-sensorial mostram que nossa consciência ou natureza espiritual transcende o corpo. Essa evidência condiz com a Filosofia Perene por trás das doutrinas esotéricas das maiores religiões do mundo.

Inerente a essa filosofia espiritual universal é a idéia de que os seres humanos são capazes não apenas de saber sobre o Terreno Divino por inferência, mas de compreender-lhe a existência por meio da experiência direta ou intuição. Esse conhecimento direto é exterior ao domínio do raciocínio e da análise. Ele é possível porque, como nos dizem os médiuns contemporâneos, vivemos num universo não-localizado. E os dados das pesquisas acerca da percepção extra-sensorial mostram que nossa consciência é não-localizada. Nos próximos capítulos, consideraremos três tipos de experiência na consciência que demonstram conclusivamente a natureza não-localizada, não limitada pelo corpo nem pelo tempo.

O primeiro tipo de evidência não-localizada que examinamos envolve o influxo da experiência perceptiva de algo oculto da percepção comum. Isso foi historicamente associado com a adivinhação, com a consulta à bola de cristal ou a leitura das mãos. Neste livro, trataremos de experimentos laboratoriais que investigam a telepatia, a clarividência e a visão à distância, muito mais substanciais. Essas formas de conhecimento direto são meios pelos quais fazemos contato com o nosso universo não-localizado, unindo o conhecedor ao conhecido. Mas as capacidades mediúnicas não dão evidências do desenvolvimento espiritual de alguém, e muito menos o fazem as capacidades sensoriais comuns.

Junto com o influxo da percepção está o fluxo da intenção ou vontade. Temos evidências da capacidade humana de cura mediúnica à distância, da influência da parapsicologia sobre geradores eletrônicos de números aleatórios e da capacidade de mudar a fisiologia e a freqüência cardíaca de uma pessoa que está longe olhando para a imagem dela num vídeo.

Por fim, além do influxo de informações e do fluxo da intenção, há a quietude da entrega – não fazer nada. Os místicos nos falam de experiências mediúnicas que podem aflorar depois que se serenou o tagarelar de nossa mente. Essas experiências mediúnicas estão disponíveis a nós à medida que aprendemos a permanecer quietos. Elas demonstram a nossa ligação de uma mente com a outra através do espaço e do tempo, mas não a iluminação.

Deepak Chopra se refere a esse terreno da consciência em que todos estamos ligados como sendo uma dimensão da potencialidade pura. Em seu livro *The Seven Spiritual Laws of Success*, que recorre à antiga sabedoria védica, ele escreve, "A fonte de toda a criação é a consciência pura... a potencialidade pura buscando expressão, do não-manifesto ao manifesto... E quando compreendemos que o nosso verdadeiro Eu é de pura potencialidade, estamos em harmonia com o poder que tudo manifesta no universo".[21]

Este livro versa sobre compreender o nosso verdadeiro eu por meio da harmonia consciente de nossos fluxos de consciência, aparentemente individuais, com esse terreno da potencialidade pura. A oportunidade para que nos transformemos por meio da união da nossa consciência com a percepção pura é sem limites. Nos capítulos que seguem, descreveremos algumas das maneiras pelas quais a percepção expandida se manifesta na vida, dando-nos vislumbres de nosso potencial ignorado em termos de consciência.

CAPÍTULO

3 A física dos milagres

As evidências científicas da ligação de uma mente com outra

Cada ser humano... participa de um modo inseparável da sociedade e do planeta... Essa participação prossegue, talvez, em última análise, até uma mente ainda mais abrangente... até mesmo além da espécie humana como um todo.

— David Bohm, Físico

Numa famosa cena da grande peça de Shakespeare, Hamlet adverte Horácio de que "Há mais coisas no céu e na terra... do que sonha a nossa filosofia". No mesmo espírito, existem mais coisas para a nossa experiência vital do que percebe até mesmo o olho da ciência. No capítulo anterior, examinamos como, durante milhares de anos, as pessoas buscaram formas de vivenciar a consciência expandida. Desde antigos tempos, a percepção transcendente foi buscada por meio das práticas esotéricas da yoga, da meditação e da oração. Essas abordagens oferecem oportunidades para se participar da experiência da comunicação oceânica disponível à mente serena. Mas a maior parte dos cientistas quer ter certeza de que a mente serenada não está se enganando a si mesma. Este capítulo dá os primeiros passos para apresentar os dados de que os cientistas necessitam para essa certeza.

Os cientistas acham a verdade por meio de dados. Para o místico, e para muitos não-cientistas, a experiência são os dados. Embora devamos apresentar evidências de que as capacidades mediúnicas foram usadas para espionar com êxito os russos durante a Guerra Fria, esse não é o objetivo que visamos quanto ao funcionamento mediúnico. Analisamos as capacidades mediúnicas porque elas representam a consciência expandida e disponível a nós todos. Essas capacidades conferem força; permitem que não só compreendamos a nossa ligação uns com os outros mas também que participemos ativamente do universo mais amplo em que vivemos. Podemos agir sobre o mundo mesmo sentados numa poltrona.

Visão à distância

Quais são as evidências de que a separação da consciência é só uma ilusão? A resposta vem de duzentos e cinqüenta anos de registros de experiências de místicos, sábios e mestres, e de um século de pesquisas científicas na área da percepção extra-sensorial em laboratório. Essas pesquisas incluem evidências para ligações telepáticas entre as mentes, descrições por clarividência de objetos e fatos ocultos e experiência pré-cognitiva de eventos que ainda não ocorreram. Atualmente, isso é chamado de pesquisa psi. Quando falamos da consciência nesse sentido, nós nos referimos à nossa percepção do mundo, bem como de nosso eu. É importante lembrar que esses fenômenos mediúnicos não foram criados em laboratório, mas se descobriu que ocorria naturalmente no campo.

Embora Buda ensinasse que a separação é uma ilusão, e o grande mestre hindu Patanjali descrevesse essas experiências com apurada precisão duzentos anos antes de Cristo, sabemos que esses relatos de experiências pessoais não convencerão o cético de que as capacidades mediúnicas existem. Ao apresentar os dados mais instigantes, nos concentraremos primeiro na nossa pesquisa no campo da percepção clarividente chamado de visão à distância. Trata-se da capacidade de conhecer e descrever fatos e lugares em pontos distantes do espaço e do tempo por meio da aplicação da atenção concentrada. Atualmente, deparamos centenas de pessoas que aprenderam a descrever o que existe do outro lado da rua, da cidade ou do planeta, às vezes com grande exatidão. Esses resultados foram publicados nos mais prestigiosos periódicos científicos no mundo: *The Proceedings of the Institute of Electrical and*

Electronics Engineers (IEEE), *Nature* e *The Proceedings of the American Association for the Advancement of Science (AAAS)*.[1]

No meu trabalho (o trabalho de Russell) como co-fundador do programa de pesquisas no Stanford Research Institute, investiguei capacidades mediúnicas para a CIA e para outros departamentos do governo nos anos de 1970 e 80. Passei mais de dez anos dirigindo experiências num recinto à prova de eletricidade com homens e mulheres capazes de descrever com minúcias a parte interior e exterior de prédios na União Soviética e em outros lugares. Esse programa secreto de pesquisa e de aplicações obteve tamanho sucesso científico e operacional que foi apoiado em suas várias manifestações pelo governo dos Estados Unidos durante mais de vinte anos. Só por meio da nossa persistência com a Lei de Liberdade de Informação foi que nos vimos em condições de tratar atualmente dessas aventuras.

Nos *Sutras de Patanjali*, o grande mestre não estava tentando fazer que as pessoas se interessassem por desenvolver suas capacidades mediúnicas. Estava, na verdade, preparando um guia sobre como conhecer Deus; mas o místico sabia por experiência que, quando as pessoas aprendem a aquietar a mente, elas começam a ter toda sorte de experiências interessantes: ver à distância, viver o futuro, diagnosticar doenças, curar os enfermos e muito mais. O objetivo dele era ajudar seus discípulos a alcançar a transcendência, e não dar demonstrações desses poderes ou *siddhis*.

Temos consciência de que são poucos os leitores interessados em se tornar místicos, pessoas que lêem a sorte ou médiuns que trabalham como espiões; mas percebemos essas capacidades, e a ligação mental que elas implicam, como sendo relevantes para um debate sobre a Filosofia Perene. Acreditamos que elas deveriam ser vistas como coisas da experiência em vez de como crenças. Patanjali pôde dar instruções passo a passo para o que se poderia chamar onisciência, e para a mente serena. Ele ensinava que, para ver a Lua refletida num tanque com água, você precisa esperar que cada ondulação se torne imóvel. O mesmo se dá com a mente. Ele professava que a "yoga (união com Deus) é o abrandamento da onda da mente" – um passo inicial para conhecer Deus ou para a transcendência. A onisciência a que se chega não significa que possamos saber tudo, porque somos apenas seres limitados; mas, fazendo uma pergunta de cada vez, *podemos* saber tudo o que quisermos.

O que entendemos por mente não-localizada? Os budistas a definiram bem: Nossa consciência *está* aqui e não-aqui. Alguns cientistas explicaram erroneamente a consciência como sendo ela criada pelo cérebro e existindo nele. A consciência não é nenhum epifenômeno da química do cérebro. Ela é a *sua* consciência de si mesmo; o que conhecemos dos experimentos de laboratório pode ter um efeito telepático direto e mensurável sobre a *minha* experiência.

Ligações não-localizadas

A idéia de "ligações não-localizadas" chegou à atenção do mundo da física em 1935, quando Albert Einstein, junto com Boris Podolsky e Nathan Rosen, publicaram um relatório de física hoje famoso e intitulado "Pode uma Descrição Quântica Mecânica da Realidade Física Ser Considerada Completa?"[2] O relatório mostrava que, segundo a Teoria do Quantum, os fótons emitidos em direções opostas na velocidade da luz podiam, em certas condições, manter uma ligação uns com os outros. Hoje chamamos esses fótons de "entrelaçados".

Einstein achava que essa correlação entre os fótons se deslocando para longe uns dos outros – o que ele chamava de "ação à distância espectral" – poderia fazer que as mensagens fossem enviadas mais rápido do que a velocidade da luz. Isso poderia ocorrer se pudéssemos fazer mudanças num raio de fótons vindo até nós, e observar as mudanças correspondentes *confiáveis* em outro raio afastando-se de nós, o que não podemos fazer. De acordo com Teoria da Relatividade, dois pontos que estão recuando um do outro à velocidade da luz não podem manter uma conexão informacional. Einstein portanto concluiu que deve haver algo fundamentalmente errado com a Teoria do Quantum.

Experiências físicas pondo à prova a conclusão de Einstein hoje já foram realizadas em vários laboratórios em todo o mundo: por Stewart Freedman e John Clauser em Berkeley, em 1972; por Alain Aspect e seus colegas em Paris, em 1982, e mais recentemente por Nicholas Gizin, em Genebra.[3] Em todas essas experiências, quando dois raios de luz da mesma fonte foram simultaneamente enviados em direções opostas, os fótons nesses raios de luz continuaram entrelaçados até mesmo quando estavam a sete milhas de distância.

Essas experiências demonstram que fótons amplamente separados na verdade parecem relacionados uns com os outros – mesmo depois que uma pessoa muda o ângulo em que a luz é polarizada num extremo do sistema de medida; contudo, devido ao fato de todos os fótons na experiência flutuarem ao acaso, a pessoa no extremo receptor do sistema, que observa a flutuação dos fótons, não tem como determinar se o emissor mudou ou não a polarização da luz no "seu" extremo da experiência. Eis por que uma pessoa não pode enviar uma mensagem com esse sistema. Há pouco tempo, esse tipo de entrelaçamento – chamado de ligação não-localizada – foi observado até com os átomos.[4]

Einstein estava certo em sua análise mostrando uma relação entre os fótons que se afastam uns dos outros com a velocidade da luz. Dessa vez, no entanto, parece que ele estava preocupado erroneamente com que essa ligação violasse a Teoria da Relatividade; não parece que os fótons entrelaçados possam ser usados para enviar mensagens, mas a análise de Einstein e de seus colegas nos anos 30, a par das experiências contemporâneas supracitadas, deu o apoio científico à visão corrente da *ligação não-localizada*. Embora essas próprias correlações provavelmente não expliquem as ligações de uma mente com a outra, nós as vemos como evidências inequívocas de laboratório do caráter não-localizado que torna essas ligações possíveis. É provável que essas evidências para o nosso universo não-localizado venham a ser uma das coisas mais profundas que aprendemos no século XX.

Einstein publicou essas idéias há mais de sessenta anos; no entanto, os físicos preeminentes de hoje ainda não concordam acerca de todas as implicações dessas ligações não-localizadas. De fato, o físico ganhador do Prêmio Nobel Brian Josephson escreveu sobre essas experiências, "A existência dessas influências remotas ou ligações é sugerida [até] mais diretamente pelas experiências sobre fenômenos tais como a telepatia (a ligação de uma mente com outra) e a psicocinesia (a influência direta da mente sobre a matéria), das quais ambas são exemplos do assim chamado funcionamento psi".[5]

Estamos ligados ou separados?

No Sutra do Diamante, o Buda nos fala de muitas coisas confusas, tais como, "Isso não é nem um ensinamento nem um não-ensinamento". O que um pobre discípulo deve fazer? A lógica de quatro valores do mestre iluminado do século II Nagarjuna ajuda-nos a entender o conceito budista de que estamos aqui e não estamos aqui. Nagarjuna ensinava que as afirmações sobre o mundo podem ser (1) verdadeiras, (2) não-verdadeiras, (3) tanto verdadeiras como não-verdadeiras, e (4) nem verdadeiras nem não-verdadeiras, o que ele acreditava ser comumente o caso.

A boa nova é que você não precisa ter de possuir o entendimento de um mestre dharma (mestre iluminado) para ter uma vida cheia de sentido e espiritualidade. Nosso conhecimento por vezes não é nem verdadeiro nem não-verdadeiro. Na física, por exemplo, descobrimos o conhecimento importante de que a luz não é nem uma onda, nem uma não-onda. No domínio do tempo, somos eternos e não-eternos. E, com respeito à separação, estamos separados no corpo e unidos na consciência. O rabino Jesus foi um homem, um mentor inspirado e uma partícula da matéria há dois mil anos; no entanto sua doutrina – o Espírito de Cristo – é uma onda que transcende todo o espaço e o tempo e nos ilumina ainda hoje. David Bohm e Basil Hiley nos lembram em *The Undivided Universe*, que "Já que não há nenhuma teoria final, não se pode dizer que o universo seja, em última análise, determinista ou não-determinista. Portanto, não podemos só a partir das teorias físicas tirar quaisquer conclusões, por exemplo, sobre os limites máximos da liberdade humana".[6]

Da física teórica às ligações mentais

Em reconhecimento da admissão, por parte de Carl Sagan, de que alguns fenômenos extra-sensoriais merecem mais pesquisas, começamos com as evidências tiradas de experiências de visão à distância levadas a efeito no Stanford Research Institute (SRI), que consideramos as mais consistentes de todas as experiências ligadas à percepção direta. Descreveremos, pois, as experiências da telepatia do sonho e da privação sensorial que Sagan achava instigantes. Analisaremos brevemente a notória capacidade que algumas pessoas têm de afetar a operação de geradores de números aleatórios por computador e, por fim, analisaremos nossa experiência pessoal com a precognição.

Carl Sagan sabia mais do que qualquer um de nós acerca da mente não-localizada – a que transcende o espaço e o tempo; porém, se houvéssemos passado dez minutos com o Carl Sagan vivo, haveríamos de mostrar-lhe os dados das pesquisas de visão à distância como nossas melhores evidências de que a consciência não se limita ao corpo físico.

De modo simples, nossa experiência é a de que, quando uma pessoa, até um cientista do governo, vem a entender os dados de visão a distância do SRI, é muito menos provável que esse cientista negue as capacidades mediúnicas do que poderia fazer antes. Esses dados mostram que as pessoas no laboratório semana após semana, ano após ano, descreveram o que estava se passando no mundo a grandes distâncias de seu corpo físico. Apresentamos essa pesquisa, e como fazê-la, no nosso livro anterior, *Miracles of Mind.*[7]

Embora ainda não tenhamos um mecanismo físico a propor para a visão à distância, as experiências são fáceis de fazer, e os dados por vezes instigantes. David Bohm descreve essa qualidade de relação como um universo holográfico, em que cada parte está ligada às demais. Em seu livro *The Undivided Universe*, Bohm fala dessa qualidade de ligação do quantum, "*Os traços essenciais... são que todo o universo está de alguma forma envolvido em tudo, e que cada coisa está envolvida no todo*" – o que reitera a afirmação budista a partir da experiência direta de que a "separação é uma ilusão".

Em 1973, o primeiro ano da pesquisa do SRI, Pat Price, um delegado de polícia aposentado de Burbank, Califórnia, entrou em contato com o SRI e disse que gostaria de ajudar no trabalho de visão à distância. Price declarou que tinha usado a percepção extra-sensorial por toda a vida como delegado de polícia para capturar infratores examinando mediunicamente a cidade para saber onde os criminosos apavorados se escondiam. Price chegou ao SRI com um livro de recortes de jornal atestando sua capacidade mediúnica. Uma série formal de experiências foi realizada rapidamente, e nela Pat era solicitado uma vez por semana a descrever suas impressões mentais da localização em que um de nosso grupo experimental fora escondido em alguma parte da região da Baía de São Francisco.

Minha tarefa era entrevistar Price, ajudá-lo a descrever o local distante, até então desconhecido, ou para mim ou para o meu colega Hal Puthoff. A isso se chama protocolo "duplo cego", porque nem os que participam da experiência nem a pessoa com visão à distância sabem coisa alguma sobre o alvo do dia, tampouco sobre os locais-alvo com piscina dentre os quais algum foi escolhido. Ao cabo das nove tentativas, um juiz igualmente "cego" foi solicitado para avaliar cada uma das descrições e desenhos de Price quanto ao grau com que eles pareavam com cada um dos nove alvos usados na experiência. O juiz, um professor de inglês da Stanford University, conseguiu sete das nove paridades na primeira vez. Isso indica que, se alguém tivesse sido raptado por terroristas para um dos nove locais supostos em nove semanas consecutivas, Price os teria encontrado da primeira vez que olhasse sete das nove vezes. A probabilidade de isso acontecer por acaso é menos de uma em trinta mil. Puthoff e eu publicamos esses resultados num número de março de 1976 de *Proceedings of the IEEE*. O ensaio foi chamado de "Um Canal Perceptual para a Transferência de Informações por Quilômetros de Distância".

Pela impressão de que podemos concentrar nossa visão mediúnica onde quisermos, achamos que poderíamos buscar a CIA para um possível apoio financeiro. Estávamos preocupados com os problemas que vêm à luz quando se trabalha com a CIA, porém, no meio da Guerra

Fria, sentimos que mais informações eram melhores para o mundo do que menos. Éramos a favor da inteligência, em oposição à ignorância.

Depois de conversar com muitas pessoas do corpo de funcionários, a que mais nos ajudou na CIA, o dr. Kit Green, conseguiu para nós uma entrevista com o Diretor da Inteligência, John McMahon. John era um auxiliar do setor operacional do Serviço, e era conhecido por não se prestar a dar ouvidos a tolos. Ele ouviu nossa descrição das experiências com Pat Price e com outras pessoas dotadas de visão à distância no SRI, e nos falou de experiências semelhantes que lhe haviam sido narradas por amigos no Vietnã. McMahon concluiu a entrevista dizendo-nos que estávamos "desperdiçando tempo observando igrejas e piscinas na Califórnia". Ele tinha locais que realmente precisavam ser examinados – locais que ficavam a dez mil milhas na União Soviética.

Na semana seguinte começamos o que devia tornar-se uma de nossas aventuras mais importantes. Um físico da CIA apareceu no SRI com coordenadas geográficas, latitude e longitude, para um alvo soviético que McMahon queria nos descrever. Nenhum de nós, é claro, sabia alguma coisa sobre o local. Este devia ser uma demonstração da prova de habilidade. Eles queriam qualquer informação que lhes pudéssemos dar, e estavam ansiosos por saber se seríamos capazes de descrever um alvo a milhares de milhas de distância somente com coordenadas a partir dos quais trabalhar. Se pudéssemos descrever o exterior, que fora observado por fotografias feitas por satélite, naquela época um expediente secreto de ponta, seríamos então solicitados a descrever o interior.

Price e eu nos fechamos num recinto à prova de eletricidade no segundo andar do prédio de radiofísica da SRI onde levamos a efeito nossas experiências, e eu interpretei as coordenadas de Price. Ele ficou em silêncio durante cerca de um minuto, e então principiou sua descrição: "Estou deitado de costas no teto de uma construção de tijolos de dois ou três andares. O dia é de sol. O sol é agradável. Tem uma coisa mais surpreendente. Tem um guindaste de cavalete indo para lá e para cá sobre a minha cabeça... Enquanto flutuo no ar e olho para baixo, ele parece estar passando por uma trilha com um trilho em cada lado da construção. Nunca vi nada parecido."

Pat esboçou então a disposição dos prédios e da grua, que ele chamou de guindaste. Alguns dias depois, completamos o exercício de visão à distância. Posteriormente nos disseram que o local era o laboratório soviético supersecreto de bombas atômicas em Semipalatinsk.

A exatidão surpreendente do desenho de Price comparado aos desenhos da CIA das instalações em Semipalatinsk é o tipo de coisa em que eu, como físico, jamais teria acreditado, não houvesse visto com meus próprios olhos. Price continuou a desenhar muitas outras coisas no local, a maioria das quais se confirmaram. Uma das coisas mais interessantes que Price viu foi o interior da construção no alto da qual ele estava "fisicamente" deitado – um interior desconhecido de todos no nosso governo naquela época.

Ele descreveu um ambiente amplo onde as pessoas estavam montando uma esfera de metal gigante, de sessenta pés de diâmetro, a partir de grossos gomos de metal, como frações da casca de uma laranja. Ele disse que essas pessoas estavam tendo problemas para soldar a esfera porque as partes se arqueavam. Três anos depois, descobrimos como a visão de Price fora acurada, quando a atividade envolvendo a fabricação dessa esfera em Semipalatinsk foi descrita no número de maio de 1977 da revista *Aviation Week*. O relato confirmava todas as descrições de Price, inclusive o problema com a soldagem das peças. Acredita-se que os soviéticos provavelmente estavam fabricando uma arma atômica projetada para abater satélites espiões americanos.

Nosso monitor da CIA, o dr. Kenneth Kress, escreveu memórias secretas relatando o nosso trabalho para ele, memórias que foram publicadas por fim em 1977 no boletim da CIA *Studies in Intelligence*. "Dados instigantes mas incompletos foram fornecidos pela pesquisa patrocinada pela CIA", escreveu ele. "Esses dados mostram, entre outras coisas, que na ocasião ocorreram resultados inexplicáveis de importância genuína para a inteligência."[8] Ele cita um segundo oficial de operações da CIA que foi convocado para avaliar os dados de Price: "É minha firme opinião que essa técnica – seja qual for – oferece possibilidades operacionais definitivas." No ano seguinte, pouco antes de sua morte prematura, Price trabalhou diretamente para Kress no quartel-general da CIA.

Um aspecto intrigante da introvisão de Price no interior das instalações soviéticas foi que a percepção que ele teve da esfera de sessenta pés e dos "gomos" se deu sem nenhum *feedback*. Originariamente, havíamos esperado que o *feedback* fosse um ingrediente importante da visão à distância; mas Price não estava lendo a mente do patrocinador, porque ninguém nos Estados Unidos tinha conhecimento da esfera. Tampouco Pat podia ter tido visões precognitivas de seu próprio *feedback* a partir do futuro, porque ele morreu em 1975, antes de os detalhes da esfera serem confirmados independentemente. Sua percepção notável foi uma *experiência direta* do local.

Em 1979, depois de uma investigação formal do Congresso, o congressista Charles Rose falou sobre essa experiência na revista *Omni*: "Tudo o que posso dizer é que, se os resultados foram falsificados, nosso sistema de segurança não funciona. O que essas pessoas 'viram' foi confirmado pela fotografia aérea. Não havia como falseá-los."

Até mesmo um cientista pode ser um médium

Devemos fechar os olhos e invocar uma nova maneira de ver... um estado de alerta que é o direito de nós todos, embora poucos se valham dele.

— Plotino (dezessete séculos atrás)

No ano seguinte à morte de Pat, recebemos um chamado de um outro homem com capacidades mediúnicas extraordinárias. Dessa vez era um jovem físico criativo que fazia pesquisas chamado Gary Langford, que estava trabalhando no grupo de Análise da Inteligência no SRI. Ele havia estado acompanhando nosso trabalho, e achava que podia nos ajudar porque, como Price, durante anos praticara a visão à distância. Ele nos disse que teve a primeira experiência mediúnica quando criança. Não era um grande jogador de beisebol, mas sua capacidade precognitiva lhe dizia onde ficar no campo para apanhar as bolas que viessem na sua direção.

O serviço de Gary no SRI era ler as traduções de relatos tecnológicos russos, ver fotos da URSS e tentar imaginar o que os soviéticos estavam fazendo. Amiúde, quando recebia uma típica fotografia de baixa qualidade tirada a grande altitude, ele tinha a experiência de olhar intencionalmente e, então, dizer algo como, "Parece um submarino longe da costa". Ao que os outros respondiam incrédulos, "Onde é que você está vendo um submarino?", e esse era o problema, porque não havia nenhum submarino para ver. Contudo, com freqüência acontecia que sua intuição estava notadamente correta.

Gary, Pat e muitos outros parecem ser capazes de deslocar seu ponto de vista perceptivo num alvo. Eles são capazes de ter a experiência do local-alvo como se de fato estivessem lá. Essas pessoas dotadas dessa faculdade podem deslocar-se psiquicamente pelo local e relatar o que vêem.

Gary participou do programa da SRI durante mais de uma década. Como muitas pessoas iguais a ele, sua *exatidão* ao descrever detalhes foi excelente no começo e não melhorou muito. O que melhorou foi a sua *confiabilidade* – ele se tornou preciso mais vezes. E tornou-se cada vez mais capaz de dizer quando de fato estabelecera um contato errôneo com o alvo que estava tentando descrever. Quando ele tinha "aquela sensação especial", quase sempre estava certo. Esse tipo de autoconsciência é extremamente desejável numa pessoa que vê à distância. Às vezes, ele não tinha uma sensação de segurança, mas dava apesar disso uma descrição exata. É notável que possamos estar certos durante dois terços do tempo, mas ainda ficamos frustrados por estar errados.

Gary juntou-se a nós como uma pessoa com visão à distância de maneira regular quando começamos a estudar a exatidão da visão à distância em distâncias cada vez maiores. Queríamos saber se a exatidão da visão à distância haveria de "cair" como a recepção da televisão quando nos afastamos demais do transmissor. Será que as imagens mentais ficariam embaçadas? Uma das primeiras tarefas de Gary foi me acompanhar enquanto eu viajava pelos Estados Unidos como um farol que ilumina o caminho. Ele não tinha nenhuma idéia do meu itinerário.

Minha primeira parada foi New Orleans, para realizar alguns testes de visão à distância com um amigo na escola de medicina na Tulane University. Compramos um livro de figuras dos lugares interessantes de New Orleans e jogamos um dado no chão para ver qual dos seis alvos possíveis eu ia visitar para o teste. O alvo que apareceu foi a arena de esportes Superdome de Louisiana. O entrevistador de Gary para esse teste foi a doutora Elizabeth Rauscher, professora de física na University of California, em Berkeley. Ela e eu já havíamos trabalhado juntos por alguns anos tentando desenvolver um modelo de física para o funcionamento da percepção extra-sensorial. Elizabeth era uma entrevistadora experiente, sensível às nuanças dos processos de visão à distância.

Quando me encaminhei para o Superdome, Elizabeth estava tendo uma comunicação mediúnica com Gary no recinto à prova de eletricidade do SRI. Ao meio-dia, cheguei ao prédio reluzente. Fiquei chocado com o tamanho dele, e disse ao meu gravador: "Essa é uma experiência de visão à distância com Russ Targ e Gary Langford. Estou no Superdome de New Orleans com capacidade para oitenta mil pessoas. Ele é um prédio circundado por metal, que não parece passar de um grande pires voador brilhando ao sol do meio-dia."

Enquanto isso, de volta ao laboratório de Menlo Park, Gary já estava começando sua descrição para Elizabeth. "Tenho um problema", ele disse. "Tudo o que vejo é um maldito OVNI no meio da cidade!"; Elizabeth, a entrevistadora corajosa, disse-lhe, "Tudo bem, Gary. Por que você não faz uma pausa, e depois faz um desenho do que está vendo?" Isso é o que chamamos "interrogatório das imagens iniciais". Gary fez então desenhos notáveis que mostramos nas ilustrações. Ele disse que viu "uma construção grande e circular com uma cúpula branca". Continuou a descrever "caixas de vidro ao redor na parte de dentro", o que posteriormente verificamos como sendo uma informação verdadeira, ainda que na época eu não tivesse acesso ao interior do prédio.

Sua capacidade de descrever detalhes além do que estava disponível a nós nas fotos de *feedback* era verdadeiramente surpreendente. É claro que ele teve contato com o alvo, e não estava lendo a minha mente, olhando mediunicamente por sobre o meu ombro, nem observando suas imagens de *feedback*. A foto do Superdome e os desenhos de Gary são mostrados a seguir. Gary descreveu um caminho de pedra em torno da construção, em que me mostrou andando corretamente; ele também desenhou as muitas rampas que levam ao prédio.

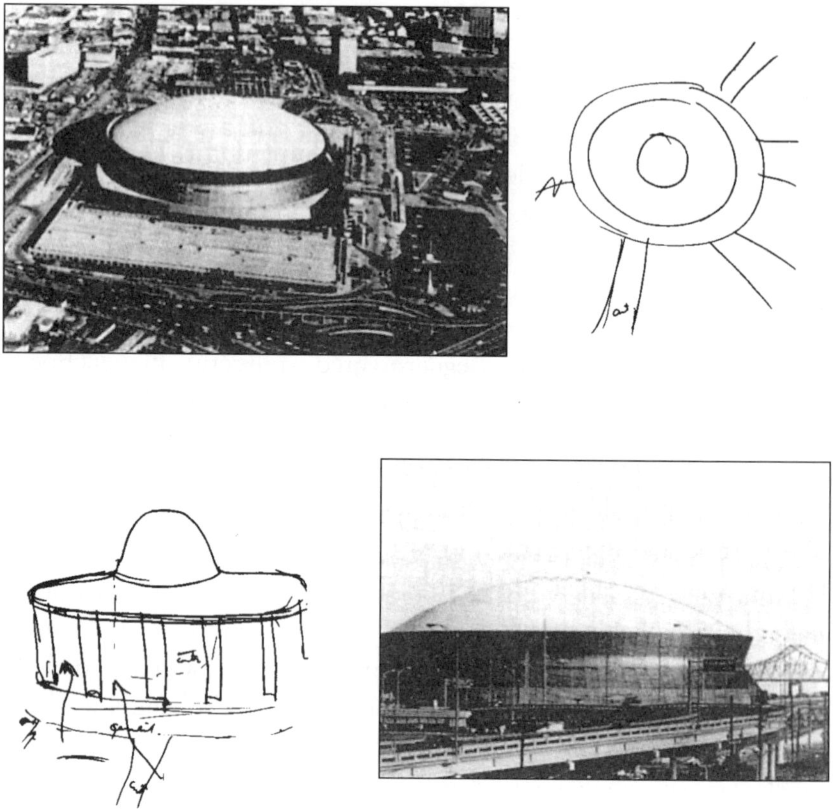

Experiência de visão a longa distância – do Menlo Park da SRI até o Superdome de Louisiana. O sujeito descreveu a construção circular com uma cúpula branca. 31 de outubro de 1976.

Gary agora havia estado praticando a visão à distância por quase vinte anos. Das centenas de testes que realizara, parece que conseguiu essa exatidão cerca de 25% das vezes. Nosso trabalho com ele e com os outros mostrou que a exatidão da visão à distância não é afetada pela distância, nem os primeiros vislumbres são os mais confiáveis.

Milagres com o serviço de inteligência do exército

Durante o verão de 1979, meu colega Hal e eu dirigimos experiências com visão à distância na companhia de seis militares sem experiência do Forte Mead. Selecionamos as pessoas que seriam os candidatos mais prováveis para a visão à distância de entre um grupo de trinta, entrevistando-os sobre sua experiência de vida, pensamentos e crenças sobre a percepção extra-sensorial. Estávamos procurando particularmente homens que tiveram grandes experiências desse tipo no decurso de sua vida e trabalho. A maior parte desses homens quer continuar anônima, mas um deles, Joe McMoneagle, escreveu um livro percuciente chamado *Mind Trek*, descrevendo como conheceu a visão à distância na SRI, e suas aventuras com relação a isso desde que saiu de lá.

Joe é um zagueiro vigoroso, afável. Sempre me pareceu estar pronto para irromper enquanto corre com sua jaqueta de couro. Você não o conheceria olhando para ele dez anos antes, quando teve uma experiência de quase-morte na Alemanha. Enquanto estava saindo de um bar, passou mal, desmaiou, caiu sobre as pedras da rua e, como explicou, "foi recebido por Deus". Viu-se envolvido por uma luz muito forte e foi levado para o hospital sem pulsação; mas nos disse que estava bem porque continuava a dizer a si mesmo, "Então é assim que é Deus!"; essa experiência transformadora foi o começo de uma série de experiências com percepção mediúnica. A história de como ele começou a integrar suas experiências mediúnicas é verdadeiramente extraordinária. (Permita-me assegurar o leitor de que consideramos as experiências de quase-morte como sendo um alto preço desnecessário a pagar para o desenvolvimento da mediunidade!)

Algumas semanas depois de nossas entrevistas, eu estava sentado com Joe em nosso laboratório de visão à distância na Califórnia. Expliquei que tudo o que queríamos que ele fizesse era descrever as imagens mentais que tinha do local onde estava o nosso pesquisador. Disse-lhe que eu não tinha nenhuma idéia de onde ele podia estar, mas, se quisesse fazer alguns pequenos esboços do que ele via com o olho de sua men-

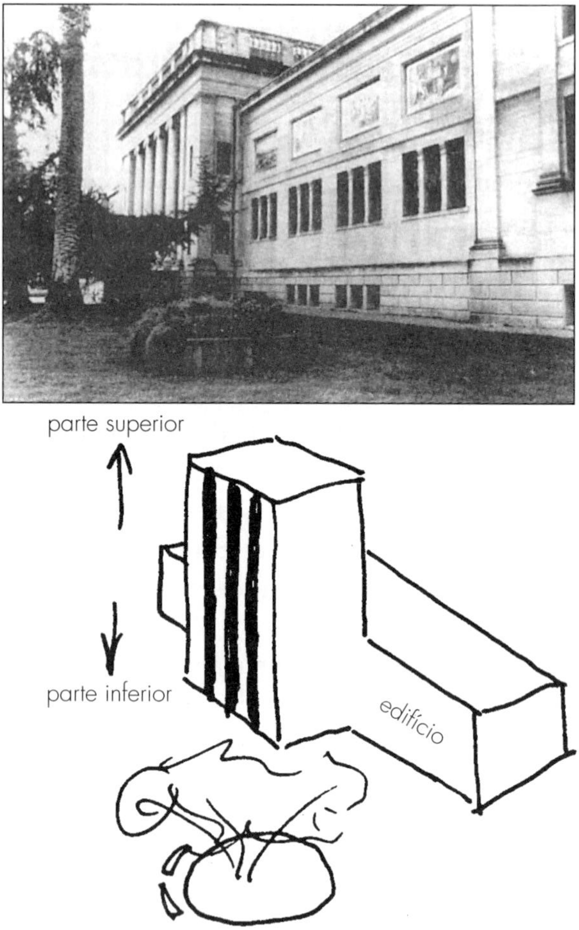

Alvo: Stanford Art Museum (a), e Resposta (b), de Joe McMoneagle em 1979.

te, isso seria bom já que esses desenhos às vezes correspondem ao local onde os pesquisadores estão escondidos. Também ocorreu que ele tinha um talento para o desenho acima da média.

Quando chegou o momento de Joe fazer seu primeiro teste, ele viu um sem-número de formas: uma tenda de índio, um barbilhão, o teclado de um piano e um prédio, que desenhou em torno das margens de um pedaço de papel. Joe afirma em seu livro, "Eu verdadeiramente comecei a sentir que estava mais no interior do meu prédio imaginário do que na sala conversando com Russell Targ". Pedi a Joe para se afastar do prédio e descrever sua forma geral. Ele disse, "É como um retângulo invertido com um quadrado acoplado às costas dele, ou um retângulo embaixo dele. Ele é como duas construções em uma".[9]

Depois da entrevista, Joe fez o desenho pormenorizado que mostramos na figura. Na parte superior dela você pode ver a versão de Joe do que ele chamou de "efeito do teclado", junto com uma jardineira na frente do prédio. Ele mostra claramente a fachada de pilastras altas de uma construção, com extensões inferiores para a esquerda e a direita. A parte superior da figura é uma fotografia do Stanford University Art Museum, aonde os pesquisadores haviam sido mandados pelo seu gerador de números aleatórios. Joe era uma pessoa de talento natural. É desnecessário dizer que os juízes não tiveram problemas para identificar seus desenhos com o Art Museum quando o visitaram, independentemente do fato de haver muitos esboços pequenos sem relação nas margens da página.

Joe continuou a completar uma série muito bem-sucedida de testes conosco, e conseguiu aumentar enormemente sua exatidão, até mesmo acima do nível desse esboço muito bom. As pessoas associadas a mim, e eu mesmo, continuamos a trabalhar com mais cinco pessoas que nos mostraram que as capacidades extra-sensoriais ocorrem com pessoas de todo tipo.

Os resultados totais da avaliação formal desse estudo foram muito significativos. Quatro das seis pessoas com visão à distância ligadas ao governo tiveram resultados estatisticamente significativos – um resultado muito improvável, com a possibilidade de um dentre dez mil. Todos eles continuaram a ensinar muitas outras pessoas nas Forças Armadas dos Estados Unidos quanto a realizar com sucesso a visão à distância. Em 1984, Joe recebeu uma condecoração da Legião Nacional de Honra ao Mérito pela excelência em sua carreira na inteligência militar, incluindo sua visão à distância operacional.

Pelo final da primeira década dessa pesquisa, vinte e oito séries experimentais foram publicadas de diversos laboratórios no mundo todo.

Numa análise dessas publicações, descobriu-se que mais da metade (quinze dentre 28) apresentava resultados estatisticamente significativos, quando se esperava que apenas um em vinte obtivesse relevância por acaso.[10] Em nosso trabalho na SRI, descobrimos que uma pessoa com visão à distância em geral dava descrições de locais geográficos distantes que poderiam ser identificados com sucesso em primeiro lugar por um juiz em quatro dentre seis testes. Semelhante grau de êxito fornece um resultado estatisticamente importante, extraordinariamente alto se comparado às experiências laboratoriais comuns no teste de percepção extra-sensorial.

A telepatia em nossos sonhos

Os sonhos mediúnicos sempre nos acompanharam desde os dias de Cassandra na Grécia antiga, e de José e o faraó no Antigo Testamento. A partir dos dados reunidos pela parapsicóloga Louisa Rhine, parece que mais da metade de todas as experiências espontâneas de percepção extra-sensorial ocorrem em sonhos.[11] Sigmund Freud escreveu sobre o conteúdo telepático dos sonhos,[12] e em *Parapsychology and the Unconscious*, o psiquiatra Jule Eisenbud escreveu sobre os pacientes que sonharam com acontecimentos na própria vida de Eisenbud.[13]

Sobejam histórias dramáticas de sonhos telepáticos: pelo final da Segunda Guerra Mundial, diversos prisioneiros levaram a cabo uma fuga ousada do campo de concentração de Sobibor. Um dos sobreviventes dessa fuga corajosa é Esther Robb, que descreveu um sonho que teve na noite anterior à fuga numa entrevista de 1998 da National Public Radio:

Em seu sonho, sua falecida mãe a estava incitando a chegar até um celeiro de aspecto estranho. No dia seguinte, Esther, que tinha vinte anos, escapou com sucesso do campo, transpôs a cerca e caminhou sobre os corpos de pessoas que já haviam tombado nas minas fora da barreira. Viajando com graves ferimentos, ela sobreviveu a dias de fome e se escondeu nos bosques. Por fim, viu uma construção de madeira à distância, e compreendeu que se tratava do celeiro que sua mãe lhe havia mostrado no sonho.

Quando a noite chegou, ela conseguiu esgueirar-se para dentro do celeiro e subir até o paiol de feno. Quando chegou ao degrau do alto da escada, uma mão forte agarrou-lhe o tornozelo, e intimou-a a que parasse. Era a mão de seu irmão, que acabara de escapar de um outro campo de concentração, e achara seu caminho até o mesmo celeiro.

Baseados na idéia de que os sonhos podem conter informações de percepção extra-sensorial confiáveis, nos anos de 1960 os pesquisadores do Maimonides Hospital no Brooklyn, Nova York, empreenderam o estudo de uma década de acontecimentos mediúnicos nos sonhos. Esse grupo pioneiro incluía o psiquiatra doutor Montague Ullman, o diretor de pesquisa do hospital, o psicólogo Stanley Krippner e o escritor e pesquisador Alan Vaughan. O grupo realizou muitas experiências inovadoras, nas quais pedia-se a um sujeito que fosse dormir e sonhar com uma pintura escolhida aleatoriamente para a qual uma pessoa que transmitiria a imagem estaria olhando durante toda a noite. Os pesquisadores ligavam os eletrodos à cabeça dos sujeitos para descobrir em função das ondas cerebrais e dos movimentos rápidos dos olhos (REM), o momento em que eles haviam entrado no sono onírico.

Nas experiências em Maimonides, os pesquisadores, aos primeiros sinais da atividade REM, alertavam a pessoa que transmitia a imagem – sentada a 98 pés de distância numa outra parte do hospital – a prestar atenção particularmente ao quadro cuja imagem estava transmitindo. Ao cabo de cada período de sonho em toda a noite, os que participavam da experiência acordavam o sujeito e lhe pediam para descrever os sonhos.

Os resultados eram notáveis. Numa série após outra, que eles descrevem em seu livro *Dream Telepathy*, a pessoa que dormia relatava as experiências do sonho que estavam fortemente relacionadas com os quadros para os quais a outra pessoa ficava olhando.[14] Essas relações estatisticamente significativas eram feitas por juízes "cegos", que tinham de combinar cada um dos oito relatórios do sonho com oito quadros usados nas experiências.

Duas séries de testes particularmente bem-sucedidas foram realizadas com o psicólogo William Erwin na condição de sujeito do sono. Os materiais "multissensoriais" eram dados ao emissor para ajudá-lo a se familiarizar com o quadro cuja imagem estava prestes a transmitir, e para ter a experiência dele. Por exemplo, quando o quadro-alvo foi o *Interior de uma Sinagoga* de Katz, os materiais multissensoriais para o ambiente do transmissor incluíam velas como as da pintura, um castiçal, fósforos e um botão com um escrito em hebraico. No primeiro sonho de Erwin, ele descreveu "algo sobre a escola". Em seu segundo sonho, ele viu-se a si mesmo como um menino numa cidadezinha. Resumindo seus sonhos, Erwin disse: "Algum tipo de impressão da escola... ir para a escola... o prédio de que eu estava falando – passei pouco tempo com o menino nele... Poderia ter sido uma experiência que Sol (o transmissor) teve porque ele era um tanto explorador... durante um dos estudos, ele falou algo sobre uma sinagoga. Talvez fosse aquela onde ele estava às voltas com o rabino Amarelo."[15]

A menção específica à "sinagoga" e ao "rabino" bastaram para dar a esse quadro a classificação mais alta no grupo. Os resultados desse estudo foram significativos na proporção de mil para um quando avaliados por juízes de fora, que conseguiram combinar com sucesso cada uma das oito descrições do sonho com o quadro correto.

Essas experiências foram importantes para a pesquisa sobre percepção extra-sensorial por dois motivos. Primeiro, foram bem-sucedidas ano após ano por uma década, dando aos pesquisadores um fenômeno estável para investigar. Ainda mais importante, essa abordagem forneceu uma introvisão valiosa dos processos pictóricos e não-analíticos que estão por trás do funcionamento da PES. Nos anos de 1960, os pesquisadores consideraram a PES como sendo uma capacidade perceptiva frágil, às vezes mascarada por ruídos mentais interiores e exteriores e sensoriais somáticos. Essas experiências levaram os pesquisadores a indagar: "Podemos achar uma forma de deixar os sujeitos descansar num estado semelhante ao sonho, mas ainda assim despertos o bastante para nos contar o que estão presenciando?"

A telepatia num ambiente controlado

O *ganzfeld*, significando "campo completo", é um ambiente controlado usado na pesquisa de PES, em que todos os *inputs* comuns ao sujeito da percepção extra-sensorial são limitados pelo isolamento sensorial. A idéia do *ganzfeld* apareceu nos anos de 1960 quando se acreditava que os estados alterados de consciência levassem a um funcionamento mediúnico mais efetivo. O receptor está localizado num recinto à prova de som, com um uniforme e um campo visual desinteressante. Isso é realizado simplesmente colocando metades de bolas de pingue-pongue sobre os olhos da pessoa com visão à distância e banhando-os com uma luz vermelha uniforme, enquanto se ouvem sons "brancos" por meio de fones de ouvido.

Como as experiências de telepatia no sonho, os estudos de *ganzfeld* examinaram a comunicação telepática entre um emissor e um receptor. Por mais de quinze anos, essa abordagem foi desenvolvida pelo dr. Charles Honorton, que foi o sucessor do dr. Stanley Krippner no Maimonides Hospital Research Center. Em 1994, Honorton foi o co-autor de um relatório de quinze páginas com o psicólogo dr. Daryl Bem, um professor da Cornell University e, anteriormente, um cético. Com sua aparição no reconhecido *Psychological Bulletin*, o artigo constituiu um marco de milha no campo da pesquisa da percepção extra-sensorial.[16] O artigo descrevia uma série de experiências chamadas "O Autoganzfeld", porque o pesquisador, o emissor e o receptor ficavam isolados uns dos outros, e o pesquisador ficava isolado quanto à seleção das fitas de vídeo-alvo escolhidas e mostradas à pessoa com visão à distância automaticamente pelo computador.

Nessas experiências, o receptor geralmente era um voluntário da comunidade, cuja tarefa era continuar acordado e descrever num gravador todas as impressões que lhe passaram pela mente durante a sessão de trinta minutos. Entrementes, o emissor via uma fita de vídeo escolhida ao acaso e passada repetidamente em toda a sessão.

No final de cada teste, o computador que controlava a experiência mostrava ao receptor a seqüência escolhida e três outras seqüências, em ordem aleatória. A tarefa do receptor era então descobrir a qual dos quatro minifilmes o emissor estivera assistindo. Casualmente, espera-se êxito nisso na proporção de um dentre quatro. Em toda a série de onze experiências, que envolveram 240 pessoas em 354 sessões, a taxa foi de um entre três, dado que se afasta da expectativa de acaso na proporção de quinhentos para um. O que é mais importante é que, em alguns desses testes, a narrativa do receptor foi tão exata, que pareceu que a pessoa estava assistindo à fita de vídeo-alvo logo depois do emissor.

Às vezes, comparamos a psi à capacidade musical; ela está amplamente distribuída em meio à população, com todos usufruindo alguma aptidão – assim como até mesmo a pessoa menos musical pode aprender a tocar um pouco de Mozart no piano. Por outro lado, não há substituto para o talento inato nem para a prática.

Na nossa sociedade, o funcionamento mediúnico é em certo grau proibido, ou considerado evidência de doença mental. O ritual do *ganzfeld* de pôr bolas de pingue-pongue sobre os olhos, acendendo as luzes vermelhas e o ruído "branco" nos fones de ouvido e bater a porta pesada da cabine à prova de eletricidade e de som tem um forte efeito permissivo sobre a pessoa que vê.

Uma ampla série recente de *ganzfeld* levada a efeito no Rhine Research Center em Durham, Carolina do Norte, com mais de duzentos testes, descobriu que quase toda a psi na experiência se deu por meio de pares que eram ou pais, ou filhos ou aparentados. Os trinta testes com esses dois grupos de relações consangüíneas alcançou uma taxa média de 50%, em que só 25% era esperado casualmente. As pessoas aparentadas foram de longe o grupo mais forte no estudo, ao passo que os casais chegaram a um cômputo abaixo da expectativa casual. Uma subclasse adicional de pessoas foi, independentemente, significativa: canhotos que chegaram à marca de 45%. Os pesquisadores conjecturam que os canhotos têm mais ligações entre o hemisfério esquerdo e o direito do cérebro, o que pode conferir à parte analítica do cérebro acesso às imagens não analíticas e emoções sentidas como uma conseqüência do estímulo do *ganzfeld*.[17]

A visão do futuro (precognição)

A não-localização inclui espaço e tempo. Os dados da visão à distância fornecem evidências de que a nossa mente tem acesso a acontecimentos que se dão em lugares distantes *e* no futuro. Temos um problema fundamental ao escrever sobre o tempo porque ninguém sabe como medi-lo. Réguas medem a distância, mas os relógios não medem o tempo; simplesmente batem na razão de uma batida por segundo. O tempo é um constructo mental e não pode ser mensurado por instrumentos científicos.

Por vezes, já se disse que o tempo foi inventado por Deus para que tudo não acontecesse de uma vez só. A *Course in Miracles* ensina que nós mesmos criamos o tempo. Na física moderna, o tempo é visto simplesmente como a "distância" entre acontecimentos que se dão no mesmo lugar.

Os sonhos precognitivos provavelmente são o acontecimento mediúnico mais comum na vida de uma pessoa normal. Esses sonhos nos dão um vislumbre dos acontecimentos por que passaremos no dia seguinte ou num futuro próximo. De fato, cremos que o sonho precognitivo é *causado* pela experiência que verdadeiramente teremos num período posterior.

Se você sonhar com um grande carro preto passando diante da sua janela, acordar na manhã seguinte e vir um carro fúnebre liderando um cortejo descendo pela sua rua, diríamos que o sonho da última noite foi causado pela sua experiência de ver o carro fúnebre na manhã seguinte. Esse é um exemplo do futuro afetando o passado, muito semelhante ao *feedback* na visão à distância. Há fortes evidências para esse tipo de ocorrência, o que analisaremos no final deste capítulo; contudo, parece impossível a um acontecimento futuro mudar o passado conhecido ou já vivido.

Nada no futuro pode impedir algo que já tenha acontecido. Isso é o que se chama de "paradoxo de intervenção", ilustrado pelo exemplo em que você, no presente, mata a sua avó quando ela era uma criança, e você deixa de existir por isso. Embora seja interessante pensar nisso, não há a menor evidência que nos faça pensar que isso possa ocorrer.

Para saber que um sonho é precognitivo, você tem de reconhecer que ele não é causado pelos resíduos mentais do dia anterior, nem por seus desejos ou anseios. Descobrimos que os sonhos precognitivos têm uma lucidez incomum, mas por vezes contêm material estranho e não familiar. Os especialistas em sonho falam da "lucidez sobrenatural", que transcende a satisfação e o desejo ou a angústia. Por exemplo, se você não está preparado para um exame, e sonha com fracassar nele, não consideramos isso uma precognição. Por outro lado, se você tiver feito centenas de viagens de avião, e então tiver um sonho assustador sobre um acidente, você pode reconsiderar seus planos de viagem.

O leitor talvez pergunte, "Como posso sonhar com estar num acidente de avião, se eu na verdade não posso ter a experiência disso?"; a resposta pode ser que você sonha com o acidente real, e depois dramatiza os fatos incluindo a si mesmo neles. Num caso verdadeiro, um caro amigo sonhou que estava num acidente de avião, e depois esteve muito próximo de um no dia seguinte. Já que se esperava que ele estivesse naquele avião, ele não teve problemas para se colocar no avião do seu sonho na noite anterior. Diríamos que o acidente assustador que ele conheceu foi a causa de seu sonho anterior. A isso se chama retrocausalidade, e ela pode ser a base da maior parte das experiências de precognição. Obviamente, não há lei alguma contra a precognição, já que, em condições adequadas, ela é um acontecimento comum, e centenas de experiências em laboratório mostram que ela parece funcionar tão bem quanto a PES de tempo real.

Não é sem tempo

Num resumo dos dados de pesquisa de 1935 a 1987 para o que chamamos antevisão paranormal do futuro, os pesquisadores Charles Honorton e Diane Ferari descreveram 309 experiências de precognição usando cartões de teste de PES com cinco símbolos. As experiências foram realizadas por 62 investigadores envolvendo mais de cinqüenta mil participantes em mais de dois milhões de testes.[18] Os perceptivos tinham de usar suas capacidades intuitivas para determinar qual dos símbolos selecionados ao acaso a partir de cinco escolhas potenciais lhes seria mostrado posteriormente. Nessas experiências, a imagem-alvo não era sequer determinada no momento de sua adivinhação intuitiva.

Trinta por cento desses estudos foram estatisticamente relevantes ao mostrar que as pessoas podem descrever acontecimentos futuros, quando se esperaria apenas 5% por acaso. Isso conferia uma significação total maior do que 10^{20} (cem bilhões de bilhões) para um, o que é estatisticamente próximo de lançar setenta *pennies* no ar e fazer com que cada um caia dando cara. Esse corpo de dados oferece evidências muito fortes para confirmar a existência da antevisão do futuro. Obviamente, temos *algum* contato com o futuro. Essa conexão mostra inequivocadamente que interpretamos mal o nosso relacionamento com a dimensão do tempo que desprezamos.

Os autores dirigiram pessoalmente séries experimentais em que as pessoas descreveram acontecimentos que não haviam ocorrido até dois ou três dias no futuro. Um desses acontecimentos envolvia a previsão precognitiva de mudanças no mercado de produtos de prata, sem na verdade fazer quaisquer transações. Os autores foram bem-sucedidos em onze de doze chamados individuais. Essa é uma razão pela qual não temos dúvida de que o canal precognitivo é acessível.[19]

Sabemos, a partir de dados de psi experimentais, que uma pessoa com essas faculdades no laboratório, concentrando sua atenção, pode descrever de maneira confiável qualquer local no planeta. Sabemos, também, que essa mesma pessoa não é limitada pelo tempo presente. O livro abrangente de Dean Radin, *The Conscious Universe*, analisa a pesquisa publicada investigando PES nos sonhos. Entre 1966 e 1973, 450 sessões de telepatia no sonho foram relatadas, com um cômputo total de 63% de correção. Quando analisados estatisticamente como um grupo, as pessoas que sonharam tiveram um sonho com a imagem que lhes foi mostrada num período posterior numa taxa de acerto maior do que um milhão para um.[20]

O modelo comum do "rio do tempo" torna a precognição menos mágica. De um modo geral, sabemos que os rios fluem correnteza abaixo; ou seja, as causas vêem antes dos acontecimentos. Se olharmos com atenção para a fina estrutura do rio, contudo, reconheceremos contracorrentes em seu fluxo. Um penedo pode criar um curso rio abaixo, a causa vindo claramente antes do efeito; mas rio acima podemos achar um grande remoinho que vem, é claro, em função do penedo rio abaixo. Podemos sentir o efeito antes de lhe vermos a causa. Um efeito que preceda sua causa é chamado de retrocausalidade, e a partir dos dados acreditamos que não se trate de uma ocorrência tão rara assim.

Sentindo o futuro

Todos estamos familiarizados com a idéia da premonição, em que uma pessoa tem o conhecimento interior de que algo vai acontecer no futuro – não raro algo ruim. Há também a experiência do pressentimento, em que a pessoa tem certa sensação interior, visceral, de que algo estranho está prestes a acontecer. Um exemplo seria você de repente parar de descer a rua porque se sentiu "mal", só para que um vaso de flores caia do peitoril da janela e aterrisse em seus pés – em vez de na sua cabeça. Isso seria um pressentimento útil.

No laboratório, sabemos que mostrar uma imagem ameaçadora a uma pessoa acarreta uma mudança significativa em sua fisiologia. A pressão sangüínea, os batimentos cardíacos e a resistência da pele dessa pessoa mudam. Essa reação do tipo luta-ou-fuga é chamada de "resposta de orientação". O pesquisador Dean Radin mostrou recentemente, na Universidade de Nevada, que essa resposta de orientação é também observada na fisiologia de uma pessoa alguns segundos *antes* de ver a imagem pavorosa!

Em experiências equilibradas de duplo-cego, Radin mostrou que pouco antes de ver cenas de violência, seu corpo se reveste de coragem contra o insulto, mas essa reação antecipatória que não é forte não precede a visão da imagem de um jardim de flores. Evidentemente, o medo é muito mais fácil de medir psicologicamente do que a felicidade. Aqui, parece, sua percepção física direta da imagem, quando ela ocorre, faz com que você tenha uma única reação física *anterior*. Seu futuro está-lhe afetando o passado. Essas experiências também são descritas no livro já mencionado de Radin, *The Conscious Universe*.

Então o futuro pode afetar o passado?

Experiências semelhantes foram realizadas por Helmut Schmidt no Mind Science Foundation em Austin, Texas. Schmidt examinou o comportamento dos geradores eletrônicos de números aleatórios que produzem longas seqüências casuais de 1s e 0s.[21] Ele já havia mostrado, em toda uma vida de trabalho, que uma pessoa poderia interagir mentalmente com a máquina à distância, aparentemente por psi, para conseguir mais 1s ou 0s apenas prestando atenção ao resultado desejado. Em suas últimas e mais notáveis experiências, ele mostrou que, até mesmo *depois* que a máquina gerou uma gravação por fita de seu *output* de 1s e 0s, uma pessoa ainda pode afetar o resultado prestando atenção à fita, enquanto ninguém viu os dados de antemão. Poderíamos chamar isso de retropsicocinesia ou RETRO-PC.

Psicocinesia na internet

Recentemente, em 1998, um *website* de RETRO-PC na internet reuniu testes de milhares de pessoas, e atualmente está mostrando desvios-padrão de 2,5 da expectativa, que corresponde à diferença de cerca de um em quinhentos. Não acreditamos que a pessoa esteja verdadeiramente mudando a fita, que pode ser uma fita de papel perfurado. Em vez disso, Schmidt e outros acreditam que a pessoa com a fita na mão está voltando no tempo para afetar a máquina no momento de sua operação. Schmidt até demonstrou que a taxa de respiração registrada anteriormente, mas não observada, de uma pessoa no passado pode ser afetada pela atividade mental de uma pessoa num tempo posterior![22] Experiências semelhantes foram realizadas no Anomalies Research Laboratory de Princeton. Por um período de muitos anos, esses pesquisadores mostraram que as pessoas podem mudar a distribuição de 1s e 0s produzidos pelo gerador de números aleatórios; mas uma das suas descobertas mais interessantes é que pares de pessoas trabalhando juntas conseguem uma performance melhor do que as pessoas trabalhando por si mesmas. E, o que é mais significativo, os assim chamados "pares vinculados" (namorado/namorada e casos semelhantes) trabalhando juntos com intenções coerentes obtiveram de longe o efeito maior na mudança do *output* da máquina.

Viagens fora do corpo

Um ensinamento comum a muitos sistemas de pensamentos espirituais é que, se nos visualizarmos, bem como a nosso mundo, como afirmativos e amáveis então teremos um mundo de afirmação e amabilidade. Isso às vezes é interpretado como significando que nossos próprios pensamentos afetam o mundo físico – que nossa mente pode transcender o corpo.

Um exemplo surpreendente dessa idéia foi uma investigação das experiências fora do corpo levadas a cabo por Karlis Osis e Donna McKormick em 1980, quando Osis era diretor de pesquisa na American Society for Psychical Research (ASPR). Já descrevemos a visão à distância em laboratórios; mas existe um contínuo que vai da visão à distância comum, em que uma pessoa vê uma paisagem distante mentalmente, até uma experiência fora do corpo, em que uma pessoa pode levar para esse lugar distante toda a sua sensibilidade, emoção e até sua sexualidade. A pessoa então tem condições de viver toda uma gama de experiências nesse local. Isso é descrito em detalhes no livro de Robert Monroe, *Journeys Out of the Body*.

Nas experiências da ASPR, um praticante experiente de viagens fora do corpo, Alex Tanous, foi solicitado a descrever vários objetos que Osis arrumara numa pequena prateleira dentro de uma caixa lacrada. Essa caixa era um *container* à prova de eletricidade, que também continha um conjunto sensível de medidores de tensão que geram um sinal elétrico quando perturbados ou movidos de algum modo. Tanous descreveu muitos dos arranjos-alvo com êxito. Ao examinar os dados do medidor de tensão, Osis descobriu que os sinais elétricos mais amplos eram gerados quando Tanous estava dando as descrições mais exatas dos alvos na caixa.[23] Isso não é algo que um dia pudemos observar com a visão comum à distância; mas corrobora fortemente a afirmação de Tanous de que ele tem sensações de calor, tácteis e visuais quando viaja para um local distante. Trata-se de uma experiência envolvendo todo o corpo dele, que não é apenas uma mudança de ponto de vista.

Cegos "vêem" em experiências de quase-morte

Esses dados se relacionam muito com os relatórios dos que tiveram experiências de quase-morte (EQMs). O pesquisador dr. Kenneth Ring descreve relatórios de cegos que tiveram EQMs durante as quais aparentemente "viram" com uma visão desprovida de olhos. Essas pessoas descreveram com exatidão o ambiente ao redor, a gente e as atividades que ocorriam perto do seu corpo letárgico enquanto ele estava deitado no chão, ou numa mesa de operações do hospital durante algum trauma.[24]

Essas experiências às vezes são acompanhadas de uma revisão da vida, e profundas experiências de amor e de *ser* amor, que têm efeitos sobre os sobreviventes capazes de mudar-lhes a existência. Para nós, os dados das experiências fora do corpo e dos sobreviventes das experiências de quase-morte corroboram em muito a idéia de uma consciência separada do corpo físico.

A precognição no laboratório

Durante anos, os parapsicólogos estiveram tentando descobrir formas de estimular seus sujeitos a receber vislumbres psíquicos do futuro. Anteriormente neste capítulo, mencionei uma ampla análise retrospectiva de 309 experiências de precognição realizadas durante cinqüenta anos entre 1935 e 1987. Há evidências surpreendentes da existência da precognição, mas, de maneira mais importante, aprendemos formas mais bem-sucedidas e menos bem-sucedidas de realizar as experiências. Descobriu-se que quatro fatores variam significativamente com o êxito ou o fracasso. É importante ter em mente esses ingredientes, se quisermos que nossas experiências de psi logrem resultado.

As experiências são muito mais bem-sucedidas quando realizadas com sujeitos experientes e interessados nos resultados. Por exemplo, levar a efeito experiências de PES em toda uma classe de estudantes um pouco entediados raramente mostrará algum tipo de sucesso em termos de PES. Os participantes que são entusiastas no que concerne à experiência são os mais felizes nesses estudos de precognição. A diferença no cômputo entre esses dois tipos de testes, com sujeitos experientes e sem experiência, foi significativa na proporção de mil para um contra o acaso.

O exame de laboratório mais abrangente no que concerne à precognição foi realizado pelo dr. Robert Jahn, Brenda Dunne e o dr. Roger Nelson na Princeton University.[25] Eles dirigiram 227 experiências formais em que se pedia a uma pessoa com visão à distância para descrever onde um dos pesquisadores estaria escondido em algum momento posterior selecionado de antemão. Eles descobriram, para sua grande surpresa, que a precisão da descrição era a mesma independentemente de a pessoa ter de ver horas, dias ou semanas no futuro. Quandos os juízes compararam as descrições com os locais-alvo, a significação estatística como um todo das experiências combinadas se afastou do que você esperaria do acaso por uma probabilidade de um em cem bilhões!

É difícil ler sobre o trabalho dessas pessoas e não se convencer da realidade da precognição, mesmo que não se entenda como ela se dá. A descoberta mais importante dos dados combinados – partindo de dezenas dessas experiências de precognição de muitos laboratórios em todo o mundo – é que *não é mais difícil ver mediunicamente o futuro do que ver mediunicamente acontecimentos ocultos no presente*. Esse é o mistério que nos cativa.

Eternidade e intemporalidade

A grande importância desse trabalho não vem das estatísticas. O que é animador é que essas descobertas reforçam muito a idéia de nossa ligação através do tempo e do espaço. Elas demonstram que somos mais do que corpos, e que nossa mente não tem fronteiras, como ensina a Filosofia Perene.

No próximo capítulo, analisaremos as evidências de que algum aspecto da nossa personalidade sobrevive à morte corpórea. Terminamos esta seção com as palavras do filósofo Ludwig Wittgenstein, que nos lembra com sua precisão habitual da diferença entre eternidade e intemporalidade. No seu *Tractatus*, ele escreve: "Se considerarmos a eternidade como significando não a duração temporal infinita, mas a intemporalidade, então a vida eterna pertence aos que vivem no presente. Nossa vida não tem nenhum fim, da mesma forma que nosso campo visual não tem limites."[26] Talvez isso seja a mesma coisa que o sábio hindu Ramana Maharshi queria dizer quando afirmou, "O Eu real é contínuo e não afetado..."[27]

CAPÍTULO

4 O que sobrevive?
Uma visão empírica da vida após a morte

Agora temos, pela primeira vez na história de nossa espécie, evidências empíricas animadoras para a crença em alguma forma de sobrevivência pessoal após a morte.

— Robert Almeder, Ph.D., professor de filosofia, Georgia State University

Atualmente, é irônico que, no final do próspero século XX, muitos achem que a busca de sentido em sua vida se torne algo ainda mais urgente do que a busca de segurança financeira. Por exemplo, o psiquiatra Eric Fromm disse que seus pacientes angustiados estavam realmente sofrendo de "uma morte interior. Eles vivem em meio à abundância e são infelizes".

A maioria de nós, conquanto possamos evitar fazer a pergunta em voz alta, numa época ou em outra se indaga, "Vivemos inteiramente a nossa vida e então desvanecemos como uma bolha, sem deixar vestígio?" Essa pergunta que atravessa os tempos está diretamente relacionada com a nossa busca de sentido e a nossa paixão em descobrir quem de fato somos.

Nos anos de 1870, no auge da fama, Leon Tolstoi cortejou seriamente o suicídio. Embora ele houvesse acabado de completar *Ana Karenina* para grande aclamação da crítica, ele se sentia sobrepujado pela falta de sentido da vida. Em suas *Confissões*, ele escreveu, "Eu sentia um horror pelo que me aguardava... Não podia aguardar pacientemente o fim... E ansiava por me libertar... por meio de uma corda ou da bala de uma pistola".[1]

Como Sylvia Cranston e Carey Williams descrevem em seu livro *Reincarnation*, Tolstoi em desespero começou a fazer a pergunta "Quem sou eu?"[2] Ele concluiu que era "uma parte do infinito" e que "nessas poucas palavras está todo o problema". Tolstoi continuou a criar uma nova e pessoal filosofia do amor, da simplicidade e da não-violência, retomando de bom grado sua vida produtiva.

No capítulo anterior, descrevemos as muitas formas pelas quais o nosso eu consciente pode vivenciar a unidade com o universo infinito e não-localizado. Neste capítulo, apresentamos os dados da pesquisa sugerindo que uma parte subconsciente de nós tem uma ligação semelhante – uma parte, como o leitor sem dúvida sabe, às vezes chamada espírito ou alma.

Comunicações dos mortos

Enquanto Tolstoi considerava a hipótese de pôr fim à própria vida por causa de sua sensação de separação, um grupo de cientistas e filósofos ingleses na Cambridge University, em 1882, estava formando a Sociedade para a Pesquisa Mediúnica (SPR*). Um dos líderes desse grupo foi o classicista e poeta Frederic W. H. Myers. Na introdução a seu livro monumental de treze mil páginas, *Human Personality and Its Survival of Bodily Death*, Myers escreve, "Na longa história do esforço humano para entender seu próprio ambiente... há uma lacuna ou omissão tão singular, que sua simples afirmação tem o ar de paradoxo; no entanto, é perfeitamente correto dizer que o homem nunca aplicou os métodos da ciência moderna ao problema que lhe diz respeito mais profundamente – sobre se a sua personalidade envolve quaisquer elementos que sobrevivem à morte corporal".[3]

Nos cem anos desde que Myers escreveu essas palavras, a ciência moderna respondeu ao seu apelo e aplicou-se à meticulosa compilação de milhares de comunicações mediúnicas, aparições de pessoas então recentemente mortas, experiências fora do corpo e lembranças de vidas

***Society for Psychical Research*, em inglês.

passadas de crianças. Esses dados, quando tomados em conjunto, fornecem a resposta que Myers estava buscando. E ela é: é *mais razoável* crer que algum aspecto de nossa personalidade sobrevive do que afirmar o contrário. Não estamos defendendo que a sobrevivência seja provada – mas que as razões são fortes o bastante para que uma pessoa sensata se sinta à vontade adotando essa posição.

É importante notar que a SPR inglesa não estava predisposta a concluir que os espiritualistas e médiuns da Londres vitoriana na verdade estavam se comunicando com os mortos. De fato, os membros da SPR incluíam os maiores desmascaradores da época – talvez de qualquer época. O próprio Myers estava preocupado com dois tipos de dados sendo observados: primeiro, o fenômeno das aparições no momento da morte, o que ele considerava como "testificando a comunicação supersensorial entre o morto e o amigo que o vê". Em segundo lugar, ele estudou as aparições das pessoas que então haviam morrido recentemente mas que eram vistas por um amigo algum tempo *depois* da morte. Esses apareciam até mesmo em situações em que as mortes "ainda eram desconhecidas ao perceptivo, e assim não se deviam à simples rememoração, mas de preferência à ação continuada do espírito que se afastava".[4]

Uma questão não expressa nesses casos versa sobre se as informações da morte vêm do espírito da pessoa falecida, de algum tipo de PES por parte do perceptivo, ou de alguma interação entre os dois. Essa pergunta foi particularmente importante para o estudo que a sociedade fez das sessões mediúnicas, em que uma pessoa conhecida como um médium se punha num estado alterado de consciência com o propósito de se comunicar com os mortos.

Os membros da SPR tentaram impedir a possibilidade de fraude por parte dos médiuns, bem como a simples comunicação telepática entre o médium e quantos participavam da sessão. Eles descobriram que o fluxo de informações, às vezes íntimas, fornecidas às pessoas anônimas tornava o engano extremamente improvável.

As experiências dessa sociedade com médiuns às vezes foram surpreendentes. Essas pessoas sensitivas entravam em transe e se prestavam a se tornar um canal para informações sobre os participantes da sessão, ou sobre os entes queridos desses participantes que haviam morrido então recentemente. Por exemplo, um investigador participava de uma sessão e o médium, em seu transe, começava a descrever detalhes pessoais sobre os membros falecidos da família do investigador – informações conhecidas apenas pelo próprio investigador ou por algum parente falecido. Os investigadores estavam sempre preocupados, no entanto, com que o médium estivesse recebendo telepaticamente informações de alguma pessoa viva, mesmo nos casos em que nenhuma pessoa passível de saber estivesse presente.

Mais recentemente, o pesquisador mediúnico Scott Rogo relatou um caso extraído do diário de Myers, analisado nas atas de 1927 da SPR, em que todas as partes passíveis de saber havia muito tinham morrido, e no entanto as informações mediúnicas reapareciam. Em seu livro *Parapsychology: a Century of Inquiry*, Rogo descreve a morte, em 1921, de um homem chamado Chaffin, um fazendeiro na Carolina do Norte.[5] Chaffin escreveu seu testamento em 1905, deixando todo o seu dinheiro e propriedades para seu terceiro filho, Marshall, e deserdando seus outros dois filhos e a mulher. Quatro anos depois da morte de Chaffin, um dos outros filhos, James, teve visões vívidas do pai durante uma noite de sono intranqüilo. A aparição continuou a se repetir, "Você encontrará o meu testamento no bolso do meu sobretudo".

James encontrou o sobretudo na posse de um outro irmão. Juntos, eles encontraram um papel costurado dentro do forro do casaco. Ao rasgar o forro, encontraram uma nota que dizia, "Leiam o vigésimo sétimo capítulo do Gênese na velha Bíblia do meu pai". A Bíblia, que ainda pertencia à mãe, se partiu em três pedaços quando aberta. Ela revelou um testamento datado de 1919, dividindo a propriedade em partes iguais. Pelo fato de a caligrafia ser claramente de Chaffin, o testamento nunca foi contestado.

É improvável que esse caso seja de telepatia ou de fraude, porque nenhuma pessoa viva sabia do local do testamento. A preocupação naquele momento era se se tratava da clarividência do próprio James, a qual lhe deu condições de encontrar o testamento, mesmo que James nunca tivesse ouvido falar dele. Essa hipótese de "superpsi" foi um dos tópicos da pesquisa em psi mais discutidos nos últimos cem anos. Um outro caso, mais contemporâneo, que apresenta a possibilidade de "superpsi" diz respeito à última mulher a ser presa por bruxaria na Grã-Bretanha em 1944. Um recente boletim da Reuters relatou esse caso, em que virtualmente todas as partes passíveis de saber algo estavam mortas, mas, mesmo assim, as informações vieram à luz.

A última bruxa inglesa

Durante a Segunda Guerra Mundial, uma médium inglesa foi presa por bruxaria depois de uma conversa mediúnica com um marinheiro inglês afogado. Essa história verídica é importante porque mostra como as necessidades pessoais fortes às vezes são a força orientadora que está por trás de acontecimentos espontâneos envolvendo mediunidade.

A médium em questão, Helen Duncan, estava dirigindo uma sessão espírita para um grupo de inglesas em Birmingham, quando foi contactada pelo espírito de um homem então recentemente falecido. O homem dizia que era um marinheiro do H. M. S. *Barham*, que ele disse acabara de ser afundado pelos alemães. Ele queria conversar com sua mãe, que estava na platéia, e por meio da médium falou-lhe que todos haviam se afogado, inclusive ele próprio.

A história da sessão e do *Barham* chegou depressa à Inteligência Naval Britânica, que de imediato prendeu a mulher, já que os acontecimentos que ela contara eram verdadeiros mas confidenciais. As autoridades do governo queriam muito encobrir essas informações do público para aumentar o moral no tempo da guerra. A senhora Duncan foi levada para a horrenda prisão de Old Bailey na ponte de Londres, onde foi acusada da prática de bruxaria. O primeiro-ministro Winston Churchill, que gostava dos fenômenos mediúnicos, intercedeu em favor da mulher, mas sem êxito. O governo afirmou que a mulher era uma bruxa, uma ameaça à segurança nacional e às atividades de decifração de códigos do governo.

A senhora Duncan continuou na prisão durante toda a guerra. Churchill sentiu-se tão revoltado por essa injustiça que pessoalmente tentou a revogação da Lei da Bruxaria de 1735 da Inglaterra. O empenho de Churchill fez com que a bruxaria se tornasse reconhecida como *bona fide*, as bruxas usufruindo os mesmos privilégios dos pastores e padres. De acordo com a história da Reuters de janeiro de 1998, atualmente um perdão póstumo para a senhora Duncan está em preparação, quarenta anos depois de sua morte.[6]

O caso mostra que não temos de voltar para o século XIX para achar médiuns exatos. A hipótese da "superpsi" diria que a capacidade de clarividência da senhora Duncan, sem a ajuda de qualquer espírito desencarnado, facultou-lhe o acesso a informações secretas; contudo, a explanação da "superpsi" não aborda adequadamente a questão da importância da mensagem. A ligação de amor do filho morto com a mãe, criando uma necessidade premente para ele quanto a se comunicar "do outro lado", é um elemento importante nesse caso e em outros semelhantes. Esse acontecimento bem documentado demonstra a capacidade que nossa mente tem de funcionar em domínios não-localizados, tendo acesso a informações não disponíveis por meio de qualquer canal comum.

Já que sabemos, a partir dos dados apresentados no capítulo anterior, que as pessoas podem fazer uso de quase todas as percepções oniscientes, como podemos dizer se uma mensagem vem diretamente dos mortos, ou simplesmente da percepção não-localizada do médium? Uma abordagem para esse problema exasperante é enviar um "substituto" para sentar com o médium. Assim, se eu quisesse saber algo sobre a minha avó Esther falecida, eu enviaria um amigo que nada soubesse sobre ela para se sentar com o médium. Meu amigo apareceria anonimamente e pediria informações sobre Esther. Nesse caso, a pessoa não teria absolutamente nada a contribuir para a sessão. Misteriosamente, descobriu-se que essas assim chamadas "reuniões por procuração" em todos os aspectos foram tão bem-sucedidas quanto as sessões comuns. Em ambos os casos, a clarividência direta do médium ainda é um canal concebível para a informação.

Uma notável "sessão por procuração" aconteceu com a famosa médium de Boston, a senhora Leonora Piper. Os pesquisadores – inclusive o filósofo e psicólogo americano William James, então na Harvard University – estudaram o caso da senhora Piper durante mais de 25 anos. James enviou 25 amigos para visitar a sra. Piper anonimamente, e os instruiu que lhe enviassem os nomes e outros fatos que ela trouxesse à luz.

O caso seguinte envolvendo a sra. Piper é relatado por William James e está incluído no livro de Myers. Ele tem a espontaneidade de uma conversa por telefone a longa distância, exceto que a conversa é com um morto. Uma mulher na sessão da médium lembra, na companhia do amigo morto do irmão, aventuras que os dois homens tiveram anos antes. O irmão dela estava ausente mas ainda vivia, e as histórias eram desconhecidas dela, ou de qualquer outra pessoa no recinto. Myers escreve:

> ... A srta. Warner teve duas sessões nos dias 6 e 7 de janeiro de 1897. Ela fez para mim a observação de que (o espírito que comunicava) Hart conhecia um dos seus irmãos, Charlie, e que eles foram juntos para os Açores. Ela não sabia nada sobre a viagem, exceto que eles viram seu navio se estraçalhar nas rochas.
>
> [Por Hart] "Estou aqui. Diga-lhe que eu a vejo, e anseio por perguntar ao irmão dela se ele se lembra da tempestade por que passamos."
>
> (Sei que ele se lembra. Eu o ouvi falar dela.)
>
> "Está bem, está bem. Pergunte a ele se ainda tem uma bengala como a minha. Pegue o camarada da flauta, eu não quero isso, eu não quero isso." [Certa confusão quanto à qual das pessoas ele está falando.]
>
> Hart continua: "Fomos para um hotelzinho esquisito, ficamos juntos lá. Charlie teve dor de cabeça de tanta fome. Estávamos quase mortos de fome quando chegamos lá. A comida era ruim, ruim, pobre... Estou contente aqui. Você me vê como eu sou de fato?"
>
> (Não. Não vejo você... me fale mais.)
>
> "Subimos para o hotel. Pergunte-lhe se ele se lembra da risada que demos depois que subimos para nosso quarto. Transmita a ele o meu amor."
>
> (Do que você riu?)
>
> "Por causa da imundície, etc.... muito divertido, transmita a Charles meu amor, e não se esqueça da bengala."

Myers continua:

> Charley Warner (irmão dela) fora para a Califórnia e, em resposta a perguntas, escreveu em 2 de janeiro de 1897: "J. H. e eu certa vez partimos para o Atlântico Norte, por cerca de três dias durante uma forte tempestade. Numa outra vez, estávamos em Horta, Royal Island, e vimos nosso barco dar na praia e arrebentar-se por conta de outra tempestade. J. H. tinha uma bengala muito útil. Segundo me lembro dela, uma laminazinha forte caiu da ponteira. Não me lembro de ter tido outra igual. Ele pensava muito nela, e me aconselhou que arranjasse uma igual. O que ele fala sobre o hotel esquisito é verdade. Não me lembro de ter tido dor de cabeça, mas estávamos com fome. J. H. se divertiu muito com algo no hotel, e rimos bastante. Algo ligado à sujeira."[7]

No final dessa e de outras investigações da mediunidade da senhora Piper, o filósofo William James escreveu um relato de seus estudos sobre a médium em 1886:

> Minha convicção não é evidência, mas parece próprio registrá-la. Estou convencido da honestidade da médium (a sra. Piper) e da veracidade do seu transe; e, embora a princípio eu tenha me inclinado a pensar que os "acertos" que ela teve foram coincidências felizes ou a conseqüência de algum conhecimento dela quanto a quem era a pessoa na sessão e quanto a casos em sua família, agora acredito que ela tenha uma força que ainda está para ser explicada.[8]

Embora os acontecimentos descritos aqui não sejam exatamente impressionantes, eles são um bom exemplo porque ninguém na sessão sabia coisa alguma sobre os fatos descritos com tamanho sentimento pela médium, a sra. Piper. Isso *parece* comunicação com os mortos. Os membros da SPR estavam cientes, contudo, de que alguém vivo poderia ter sido a fonte telepática da informação.

Entre os casos mais impressionantes da sra. Piper está o de George Pellew, um jovem filósofo que morreu pouco depois de uma única visita anônima à médium. Embora a sra. Piper não conhecesse absolutamente Pellew enquanto vivo, ele voltou a aparecer para ela cinco anos depois de sua morte na cidade de Nova York como um "controle" – uma entidade aparentemente diferente ou guia espiritual que fala por meio de um médium em transe. Alguns pesquisadores acreditam que os "controles" não sejam verdadeiramente espíritos exteriores, mas, de preferência, aspectos secundários da personalidade do próprio médium.

Segundo Alan Gauld, em seu livro de 1983 *Mediumship and Survival*, Pellew, falando por meio da sra. Piper, deparou 150 pessoas anônimas em sessões por um período de muitas semanas, e foi bem-sucedido ao identificar 29 das trinta pessoas que haviam conhecido Pellew quando ele estava vivo.[9] Pellew viu-se confuso com a trigésima pessoa, que fora um amigo de infância e que mudara consideravelmente desde que Pellew o vira pela última vez. Pellew continuou mantendo conversas com cada uma dessas pessoas, tratando de questões íntimas de sua vida e de suas relações passadas.

O que mais importa é que *a sra. Piper não conheceu George Pellew vivo* e, portanto, não teria meios, mediunicamente ou de outra forma, de identificar-lhe os amigos e os detalhes de suas relações passadas. A dramatização da sra. Piper da personalidade de Pellew e de seus modos de expressão peculiares parecia tão autêntica, que os trinta amigos dele se convenceram de ter falado com ele. Cada um estava disposto a testemunhar que havia na verdade se comunicado com uma inteligência desencarnada que sobrevivia e que parecia ser George Pellew. O que mais poderia o pobre Myers fazer para provar a sobrevivência do espírito humano?

Bem, parece que ele conseguiu organizar de maneira autônoma e dirigir toda uma experiência de duplo-cego depois de sua própria morte. Essas famosas experiências de "correspondência cruzada" ocorreram no começo dos anos de 1900 envolvendo a Inglaterra, a Índia e os Estados Unidos. Diz-se que a correspondência cruzada ocorre quando o que é escrito ou dito por um médium, ou comunicador, corresponde significativamente aos escritos de outro médium não relacionado num lugar distante.

Esse complexo estudo de correspondência cruzada se prolongou por mais de trinta anos, envolvendo médiuns nos três continentes. Mais de cinqüenta ensaios acadêmicos foram escritos sobre essa aventura, muitos dos quais documentos com a extensão de livro nos arquivos da SPR; contudo, diferentemente, parece que o Myers póstumo estava continuando suas demonstrações de que a sobrevivência da personalidade era real e não apenas PES do médium.

A versão simplificada do caso que ora apresentamos envolve três médiuns muito respeitados da atualidade: a sra. M. de G. Verrall, uma conferencista versada em letras clássicas em Cambridge e mulher de A. W. Verrall, um famoso erudito em letras clássicas; a sra. Fleming, residente na Índia e irmã do autor Rudyard Kipling; e a sra. Piper nos Estados Unidos. Durante vinte anos depois de sua morte em 1901, as mensagens do falecido Myers apareceram nos escritos psicografados desses médiuns e de outros, todos separados entre si. As mensagens eram fragmentárias e cheias de referências parciais a poemas gregos e latinos muito obscuros. A poesia fora muito familiar a Myers, mas desconhecida aos outros, exceto à sra. Verrall, que tivera um breve contato com ela muitos anos antes.

As informações que chegaram até a SPR em Londres foram examinadas por cinco pesquisadores infatigáveis, inclusive o famoso físico *sir* Oliver Lodge. Brian Inglis descreve "esse código complexo planejado para provar a realidade da comunicação do espírito" em seu livro *Natural and Supernatural*: "Para cada médium, a informação era tão fragmentária e estranha quanto sem sentido; porém, quando os dados eram reunidos, davam sinais de que só poderiam vir de Myers..."[10]

A perna de Runki

O caso seguinte, nos anos 30, é notável tanto pela paixão demonstrada pelo comunicador falecido quanto pelas informações que ele forneceu. Trata-se de um caso complexo envolvendo um comunicador que suplicou aos participantes da sessão com um médium na Islândia que o ajudassem a encontrar sua perna perdida... O círculo estivera se reunindo de tempos em tempos em 1937 e 38, quando um espírito estranho chamado Runolfur Runolfsson, ou "Runki", apareceu. Runki era completamente desconhecido de todos no círculo.

O caso, conhecido como "A Perna de Runki" é significativo por várias razões. O material que apareceu não poderia ter sido percebido por meio de clarividência por um médium a partir de um único documento ou obituário, nem poderia ter sido obtido de uma única pessoa viva. Mesmo que esses acontecimentos tenham ocorrido em Reiquijavique nos anos de 1930, eles foram investigados por dois dos pesquisadores mediúnicos mais experientes e eruditos do mundo, o americano dr. Ian Stevenson e o dr. Erlander Haraldsson da Islândia. O autor Alan Gauld escreve em *Mediumship and Survival* que Runki "demonstrava certo anseio por rapé, café e álcool, se recusava a dar um nome e continuava a reiterar que ele estava procurando a sua perna. Indagado sobre onde ela estava, ele replicou que estava 'no mar'".[11]

Em 1939, uma outra pessoa que participava das sessões chamada Ludvik juntou-se ao círculo e se tornou o centro de perguntas por parte do comunicador Runki, que falava pelo médium. Runki revelou que estivera bebendo com amigos em outubro de 1887 – mais de cinqüenta anos antes. Voltando para casa naquela noite, Runki disse que se deitou e caiu no sono na praia rochosa, foi arrastado para o mar e se afogou: "Fui levado pela maré, mas os cães e corvos me fizeram em pedaços." Ele disse aos que participavam da sessão que restos de seu corpo haviam sido enterrados num cemitério próximo, mas que faltava o fêmur. O osso "foi levado de novo ao mar, mas depois foi arrastado até Sandgerti. Lá passou de mão em mão, e agora está na casa de Ludvik."

Ludvik nada sabia sobre o osso; mas indagações entre os mais velhos da comunidade trouxeram à luz lembranças do osso da perna de um homem muito alto que fora encontrado na praia. Por razões que ninguém poderia lembrar, o osso foi posto numa das paredes internas da casa agora ocupada por Ludvik. O osso então foi recuperado dessa parede, e descobriu-se que Runki fora na verdade um homem muito alto.

Mais surpreendente é o objetivo passional do comunicador. Sem ser um simples fantasma que aparecesse aos pés da sua cama, ele se manifestou a uma das pessoas da sessão especificamente com um propósito. Contudo, uma das muitas perguntas interessantes, continuou sem resposta: Por que o espírito de Runki ainda estava procurando sua perna cinqüenta anos depois de sua morte? Poderíamos conjecturar que ele foi apanhado em alguma transição por causa de seu forte interesse por seu corpo anterior.

No exame que se segue, mostraremos que as grandes filosofias da religião sugerem que os espíritos podem verdadeiramente achar novos corpos para eles mesmos.

A reencarnação e a Filosofia Perene

F. W. H. Myers dedicou boa parte de sua vida, e talvez de seus anos póstumos, à questão sobre se algum aspecto de nós mesmos sobrevive à morte. Os dados e a pesquisa da SPR oferecem evidências consideráveis de que lembranças identificáveis de uma vida anterior sobrevivem à morte do corpo. Em nossa vida atual, quando serenamos nossa mente, podemos ter a experiência direta que tanto comoveu Tolstoi: o sentimento de unidade com o infinito. Obviamente, isso não demonstra que temos a oportunidade de viver de novo. Enquanto há bons dados de que algum aspecto de nosso eu anterior sobrevive, não recomendamos que você protele projetos para a "próxima vida".

A questão da consciência que sobrevive se relaciona diretamente à questão da nossa conexão não-localizada com o infinito, e à idéia de que o tempo pode ser transcendido. Já que os místicos hindus e budistas descreveram com tanto cuidado a mente não-localizada, podemos também buscar consolo em seu ensinamento nuclear sobre o sujeito da consciência que sobrevive. O Bhagavad Gita, registrado no primeiro ou segundo século d.C., aborda o problema diretamente: "Assim como durante nossa vida sobrevivemos à morte do corpo infantil, do corpo jovem e do maduro sucessivamente, e retemos a nossa individualidade, depois da morte do corpo velho sobreviveremos, viveremos e reteremos a nossa individualidade, continuando a existir eternidade afora."[12]

Os ensinamentos budistas concordam com os hindus. Embora Buda supostamente tenha vivido cerca de quinhentos anos antes de Cristo, vários séculos antes de o Gita aparecer, as idéias em ambas as doutrinas são tão semelhantes, que quase parece que ele leu uma cópia antes de ser publicada do Bhagavad Gita. Na verdade, as idéias procedem todas dos antigos ensinamentos indianos conhecidos como os Vedas, anteriores a Buda e ao Bhagavad Gita em centenas de anos.

Os versos seguintes figuram num longo e belo poema que Buda recitava aos seus amigos próximos. Eles sintetizam muitos de seus ensinamentos essenciais sobre reencarnação e sofrimento:

> Eu, Buda, que chorei com o pranto de todos os meus irmãos,
> Cujo coração se partiu com o pesar do mundo todo
> Rio e estou feliz porque há liberdade!
> Vocês, que sofrem, saibam que sofrem por vocês mesmos.
>
> Os Livros bem afirmam que a vida de cada um
> É a conseqüência da vida anterior.
> Os erros passados geram tristeza e angústia,
> O acerto no passado gera a alegria.
>
> Quem labutou como escravo talvez volte príncipe na outra vida,
> Pois granjeou valor e mérito;
> Quem governa feito Rei agora pode vaguear na Terra em andrajos
> Pelo que fez e o que não fez.[13]

A vida após a morte dos cristãos

Como descrevemos anteriormente, muitos dos ensinamentos mais transcendentais de Jesus concordam com crenças hindus e budistas da época. Agora entendemos, a partir de documentos gnósticos desenterrados no final dos anos de 1800, que essas idéias foram alimentadas pelos cristãos gnósticos nos primeiros séculos d.C. Por exemplo, Jesus, falando de seus discípulos, diz em João 10:15-18:

"Eu dou a vida pelas minhas ovelhas. Mas tenho outras ovelhas que não são deste aprisco. Devo conduzi-las também, e elas ouvirão a minha voz... por isso o Pai me ama, porque dou a minha vida para retomá-la. Ninguém ma arrebata, mas eu a dou livremente. Eu tenho o poder de entregá-la e o poder de retomá-la."[14]

Os cristãos gnósticos acreditavam na reencarnação como parte de um sistema de crenças que enfatizava a vontade individual e a ligação pessoal com Deus. Não admira que a Igreja Romana se opusesse a esse tipo de espiritualidade *free lance*. No *Pistis Sophia* – a coleção dos Evangelhos gnósticos descobertos no século XIX – Jesus e João conversam extensivamente sobre o tema do renascimento após a morte:

> João insiste ainda com mais uma pergunta. "O que acontecerá à pessoa que não cometeu nenhum pecado... mas que não descobriu os mistérios?" "Essa pessoa antes do nascimento," diz Cristo, "não bebe das águas do esquecimento. Mas recebe nela uma taça cheia de pensamentos de sabedoria e ponderação. Ela, pois, renasce num corpo que não pode nem dormir nem esquecer por causa da taça da ponderação que lhe foi conferida. Ela lhe vergastará o coração com insistência para que questione acerca dos mistérios da Luz, até que os encontre..."[15]

A vida após a morte dos judeus

Como se dá com muitas outras coisas, os judeus conservam todas as opiniões possíveis acerca da vida após a morte. Sabemos que o Antigo Testamento condena toda prática que pareça advir de fontes pagãs e, portanto, desafia o monoteísmo. Como Simcha Rafael destaca em *Jewish Views of the Afterlife*, o Deuteronômio do Antigo Testamento (18:10) proíbe claramente a mediunidade, indicando que a prática era conhecida e estava em curso: "Que ninguém que se encontre entre vós... seja um médium ou espírita, ou quem consulte os mortos."[16]

No caso de o problema da vida após a morte ainda assim ser mal interpretado, a finalidade da morte é expressa em Eclesiastes 9:9: "Segue a tua via, come o teu pão com júbilo e bebe o teu vinho. O que quer que a tua mão venha a fazer, faça com o teu vigor, pois que não há obra, nem expediente nem conhecimento, tampouco sabedoria no túmulo para onde vais."

Simcha Rafael escreve que, se você parar um judeu na rua e lhe perguntar, "No que crêem os judeus acerca da vida após a morte?", ele dirá que os judeus acreditam na vida após a morte mas não vão poder dar nenhum detalhe. "Nós, é claro, temos uma alma", eles talvez digam, mas além disso são sombras. No conjunto, o judaísmo celebra a vida e os vivos, detêm-se na preciosidade da vida aqui em vez de no que virá depois.

Embora isso possa descrever de maneira realista o judaísmo da Main Street atualmente, um subtexto rico e forte tem ganhado força em anos recentes. Um número cada vez maior de judeus está reivindicando sua ligação com o judaísmo místico, do modo como vai refletido nos ensinamentos do Baal Shem Tov, no judaísmo hassídico e na Cabala. Quase todo esse ressurgimento deriva do interesse mundial na Renovação Judaica, ou "O que aconteceu à espiritualidade judaica?"; Rafael diz que os judeus modernos com alguma experiência pessoal de Deus não temem tanto a morte mas o julgamento do outro lado.

Para aumentar a confusão dessa pergunta, o rabino Moisés Maimônides, o sábio do século XII a quem muitos eruditos judeus consideram o "sábio dos sábios", defendia com empenho a sobrevivência da alma:

> A ressurreição dos mortos é um dos princípios cardinais estabelecidos por Moisés, nosso mestre... uma pessoa que não acredita nesse princípio não tem religião real. Certamente não se mantém fiel à religião judaica.
>
> Quando uma pessoa logra a humanidade completa, ela adquire o que é da natureza do ser humano perfeito, notadamente não há nenhuma força exterior que possa negar-lhe a vida eterna da alma.[17]

Simcha Rafael conta a história do rabino Elimelekh de Lyzhansk, que sentia uma alegria extraordinária quando da aproximação de sua morte. Quando um discípulo lhe pediu para explicar isso, o rabino respondeu, "Por que não me deveria regozijar, vendo que estou prestes a deixar o mundo inferior e penetrar os mundos superiores da eternidade?

Não te recordas das palavras do salmista: 'Sim, embora eu vagueie pelo vale da morte, não temerei o mal, pois estás comigo'? Assim, a Graça de Deus mostra-se a si mesma".[18]

Não falamos aqui sobre o Deus de nossa infância, nem do Deus com barbas brancas que vive no céu e que nos amará se formos bons e punirá se formos maus. Simpatizamos com o ateu moderno, incapaz de acreditar num Deus assim. O Deus que o rabino agonizante compreendia é o Deus do amor sem termo – passível de ser sentido por quantos se disponham a tentar abrir o coração a essa possibilidade assustadora.

Almas velhas em corpos jovens

Será que alguma evidência nos leva a crer que nós, mortais, podemos "*entregá-la e tomá-la de volta*"? A resposta é sim – fornecida a nós pela obra monumental do psiquiatra Ian Stevenson da University of Virginia Medical School. Desde 1960, Stevenson esteve investigando casos em que as crianças, comumente de três a cinco anos, começam a relatar lembranças de uma vida anterior à de seus pais. Em seu primeiro livro, *Twenty Cases Suggestive of Reincarnation*, essas crianças às vezes forneceram lembranças detalhadas de suas mulheres, maridos, filhos e casas "anteriores". Às vezes, elas têm lembranças vivas de como morreram e, em alguns casos, de quem as matou.[19]

No mais importante dos casos de Stevenson, as famílias anteriores das crianças viviam em cidades ou povoados distantes, e eram desconhecidas dos pais atuais das crianças. Numa subclasse importante de casos, essas criancinhas demonstraram capacidades e informações surpreendentes, tais como relatar lembranças numa língua diferente da falada por seus pais. Em um caso, uma jovem falou bengali numa família que falava tamil. Em outra, uma criança tocou habilidosamente um instrumento musical que nunca vira antes. Embora a maioria dessas crianças com lembranças e capacidades de uma vida anterior vivam em países asiáticos, onde a reencarnação é crença comum, Stevenson publicou mais de oitenta ensaios em anos recentes mostrando as lembranças nas crianças de famílias européias e da América do Norte.

Para apurar essas afirmações notáveis, tanto os membros da família da criança quanto a família distante são entrevistados, idealmente antes de eles se encontrarem. Quando as famílias estão unidas, profundas emoções às vezes se seguem. Um menino de cinco anos cumprimentou sua notória mulher e filhos anteriores, demonstrando as emoções apropriadas para um adulto e notáveis para um menino. Às vezes, a criança pode dar o nome de muitos membros da família e amigos anteriores. Surpreendentemente, muitas vezes, a criança é capaz de localizar dinheiro escondido na casa, amiúde para embaraço de um membro da família sobrevivente.

Essas lembranças da vida anterior não são necessariamente evidências de reencarnação. De preferência, apresentam dados adicionais para a idéia de que *algo* não-físico sobrevive à nossa morte – quer sejam nossos pensamentos, lembranças, intenções, quer vínculos emocionais. Esses aspectos da nossa consciência não-localizada podem permanecer em nosso mundo do espaço e do tempo muito depois que nosso corpo voltou para a terra. Poderíamos, pois, atentar para a qualidade desses desejos, lembranças, pensamentos e emoções. O que deixamos atrás, além da nossa matéria? Podemos conscientemente mudar essas formas mentais, as quais podem sobreviver a nós?

As investigações mais recentes do dr. Stevenson chegam a ser até mais bizarras do que as que envolvem lembranças recordadas. Nesses casos, as crianças com lembranças da vida passada têm também marcas de nascimento ou deformidades físicas que correspondem a ferimentos em vidas anteriores relembradas. Em seu livro *Where Reincarnation and Biology Intersect*, Stevenson mostra fotos nítidas de crianças e adultos com deformidades físicas, correspondendo a relatórios médicos e a raios X da pessoa a quem a criança lembra como uma encarnação anterior.[20] Em todos os seus estudos, no entanto, Stevenson descobriu que depois as crianças esquecem suas lembranças claras de vidas passadas na época em que chegam aos oito ou dez anos.[21]

O que é reencarnação?

Dito isso, a questão lógica continua a ser sobre *o que* poderia ser a reencarnação. Em um caso, a criança diz, "Sou realmente um Brahman abastado com uma casa em Bombaim"; no entanto, ela parece ser o filho de um funcionário que vive em Calcutá. A criança tem lembranças comprováveis de uma vida anterior que, de fato, ocorreu a alguém; mas as experiências obviamente não ocorreram para o corpo que afirma essas lembranças. A criança se reconhece como tal, mas no nível do sentimento ela quer tomar conhaque com sua amante, como fez no passado.

Antes que sejamos tomados pela idéia de almas que renascem, seria sensato definir reencarnação com o que observamos, para diferenciá-la de todos os sistemas de crença que a reivindicam. O filósofo Robert Almeder definiu minimamente o termo num ensaio de 1997 publicado no *Journal of Scientific Exploration*:

> Há algo essencial a certas personalidades humanas... que não podemos analisar unicamente em termos dos estados cerebrais... ou propriedades biológicas causadas pelo cérebro... Além disso, depois da morte biológica, esse traço biológico não redutível às vezes persiste por algum tempo, de alguma forma, em algum lugar, existindo independentemente do cérebro e do corpo anterior da pessoa. Ademais, depois de algum tempo, alguns desses traços essenciais irredutíveis da personalidade humana... vêm a residir em outros corpos humanos, quer em algum momento durante o período de gestação, no nascimento ou pouco depois do nascimento.[22]

O caso de Bishen Chand

O exemplo que se segue de Stevenson preenche quase todas as suas exigências de um caso perfeito sugerindo reencarnação: os dados foram reunidos por um observador de fora à medida que prosseguia o caso; as famílias não se encontraram a não ser muito depois do registro de informações substanciais; quase todas as pessoas envolvidas ainda estavam vivas; a criancinha demonstrava habilidade em música e línguas estrangeiras; e, com as lembranças, a criança localizou itens ocultos. Robert Almeder descreveu o caso em seu esplêndido livro de 1992, *Death and Personal Survival: The Evidence for Life After Death.*[23]

Bishen Chand Kapoor nasceu em 1921 na cidade de Barielly, na Índia. Com cerca de um ano e meio, começou a fazer perguntas sobre uma cidade chamada Pilibhit, a cinqüenta milhas de distância. Ninguém em sua família conhecia pessoas que vivessem em Pilibhit. Quando Bishen Chand estava com cinco anos, lembrava-se claramente de uma vida anterior.

Ele fora batizado com o nome de Laxmi Narain, filho de um proprietário abastado de terras. Dizia que se lembrava de um tio chamado Har Narain, que na verdade viera a ser o pai do eu de que ele se lembrava. O jovem Bishen Chand descreveu a casa de Laxmi Narain, bem como a do vizinho, que tinha um portão verde, e o quanto ele gostava do canto e da dança de umas jovens que entretinham os homens em bares. Amiúde falava e lia palavras do urdu, uma língua escrita em documentos árabes, embora o hindi fosse a língua falada na casa de Bishen Chand.

Um procurador da região ouviu falar sobre as lembranças de Bishen Chand e foi até a sua casa para registrar as afirmações do garoto e de outros membros da família. Numa das lembranças mais surpreendentes, o menino relatou que matara um pretendente de sua amante, demonstrando uma consciência surpreendente para uma criança de cinco anos quanto à diferença entre mulher e amante. Mal haviam-se passado oito anos desde a morte do Laxmi Narain adulto.

Quando o procurador, junto com o menino Bishen Chand e seu pai, viajaram para Pilibhit, confirmou-se de imediato que um homem chamado Laxmi Narain de fato atirara num seu rival e o matara, o amante de uma prostituta que ainda vivia na cidade. Narain fugira ao processo por causa de suas posses mas morrera dois anos depois, com 32 anos. Quando levado à velha escola de Laxmi, o menino correu para a classe, descreveu o professor e, com uma fotografia antiga, identificou os colegas de classe e lhes recordou os nomes. Um desses colegas estava na multidão que se havia reunido. Chand teve uma reunião emocionada com a mãe de Laxmi, a quem preferia em muito à sua própria mãe. O portão verde correspondia ao descrito, e, quanto ao tabla dado a Laxmi, relatou-se que ele o tocava com grande perícia. Antes de deixar a casa, o menino revelou onde escondera um tesouro de moedas de ouro, recuperadas no dia seguinte.

Essa história sugere que alguma coisa sobrevive. Nenhuma quantidade de PES da parte da criança de cinco anos poderia aguçar as capacidades e a gama de emoções de adulto que ele demonstrou. Além disso, a identificação de pessoas desconhecidas por meio de seu nome a partir de uma foto excede em muito tudo o que vimos nos anais da pesquisa de PES. Para nós, os dados sugerem fortemente que essas lembranças têm uma base verificável nos acontecimentos passados reais.

As lembranças da infância, as marcas de nascimento e as deformações relacionadas com uma vida anterior são coerentes com a crença oriental na lei do karma – a lei de causa e efeito ou de ação e reação. Filosofias espirituais orientais também ensinam que essas lembranças de desejos e vínculos passados, chamadas de *samscara* em sânscrito, representam uma oportunidade importantíssima para aprendermos a compaixão e lograrmos sabedoria enquanto passamos de uma vida a outra. Por exemplo, saber que você foi estrangulado numa vida passada é melhor do que ter sido estrangulado e não saber disso, especialmente quando você sofre de dores recorrentes no pescoço.

Até aqui, esse conjunto de evidências da sobrevivência de algum aspecto de nosso ser além da morte corporal incluiu ensinamentos de sabedoria do mundo inteiro, lembranças de vidas passadas e comunicações com o Além através de médiuns, bem como de sonhos e manifestações espirituais. Nossa última forma de evidência é de todo contemporânea, e vem de uma mulher que em 1988 foi a primeira a passar por um transplante de coração e pulmão na Nova Inglaterra. Seu relato, mais estranho do que uma ficção, levanta a questão de se as células ou órgãos do corpo levam consigo suas próprias lembranças da essência de alguém, e se essas lembranças podem passar de um corpo a outro.

Empanados de frango além do túmulo?

Uma professora de teatro do curso secundário, Claire Sylvia, era mãe de uma adolescente que vivia perto de Boston. Era também uma excelente professora de dança e *performer* antes que uma doença crônica dos pulmões lhe prejudicasse o coração e a deixasse incapacitada de respirar adequadamente. Ela teve a sorte de receber um transplante de coração e pulmão no hospital Yale-New Haven em 1988, do qual recuperou-se rapidamente. Esse primeiro transplante na Nova Inglaterra ensejou uma publicidade considerável na TV e nos jornais. Repórteres continuaram a visitá-la durante toda a sua estada no hospital.

No terceiro dia depois da cirurgia, um repórter perguntou, "Claire, agora que você passou por esse milagre, o que é que você deseja mais do que tudo?"

Para sua própria surpresa, ela responde, "Uma cerveja!" Em seu livro, *A Change of Heart*, ela descreve sua confusão por causa da resposta:

> Fiquei humilhada pelo fato de ter respondido a essa pergunta sincera com uma resposta jocosa. Também fiquei surpresa, porque eu nem sequer gostava de cerveja. Pelo menos, nunca tinha gostado antes. Mas naquele momento eu ansiava especificadamente pelo gosto da cerveja. Por alguma razão estranha, fiquei convencida de que nada mais no mundo poderia saciar a minha sede.
>
> Naquela noite, depois que os jornalistas se foram, uma idéia estranha me ocorreu: talvez o doador dos meus novos órgãos... tivesse gostado de beber cerveja. Era possível, eu me perguntava, que o meu novo coração chegara a mim com seu próprio conjunto de gostos e preferências?[24]

Nesses casos, a identidade dos doadores de órgãos quase nunca é revelada a quem recebe os órgãos, e a Sylvia foi negada essa informação por parte dos funcionários do hospital. No decurso de sua recuperação, descobriu que seu nível de energia às vezes se tornava quase frenético. Ela se sentia muito mais positiva, até agressiva. Sua capacidade pulmonar, seu desempenho físico e sua libido se havia tornado maiores do que antes, mesmo depois da recuperação completa e de dançar novamente como profissional. Ela começou a buscar formas de recreação que constituíam um desafio físico, tais como andar de motocicleta ou fazer longas caminhadas ao ar livre. Sua filha e uma amiga a acusaram de que sua antiga e graciosa maneira de andar se tornara "um jeito pesadão de caminhar, como o de um jogador de futebol". Tendo sido sempre uma heterossexual rematada, naquela época começou a se sentir atraída por mulheres as quais ela, "como mulher, não julgava que fossem atraentes em especial" – tais como as louras baixas – e passou a ter sonhos em que ela própria estava se casando com outra mulher.

Em suma, Claire Sylvia começou a sentir que assumira uma nova personalidade – a de um adolescente forte – com seu novo coração e pulmões. Ela achava que herdara as características de um jovem chamado Tim, que ela acreditava fosse o doador dos seus órgãos, e que a visitava em sonhos recorrentes. Seu pressentimento sobre Tim tornou-se uma obsessão quando ela se pegou ávida pelo gosto de pimentas verdes e, acima de tudo, por empanados de frango, que antes ela achava repulsivos.

Um amigo médium que havia sonhado com a notícia da morte do doador ajudou-a a localizar o obituário do doador dela "no meio da página de um jornal do Maine". Seguindo a intuição do amigo, eles localizaram a notícia da morte de um adolescente no Maine no dia do transplante de Sylvia. A descoberta levou ao encontro dela com a família do seu doador. A família confirmou que o coração e os pulmões de Sylvia pertenceram a um jovem de energia inesgotável, que morrera num acidente de motocicleta com um pacote de empanados de frango sob sua jaqueta. Ele gostava de pimentas verdes e de cerveja, tinha uma namorada loura e baixa e também possuía muitas das características de personalidade que Claire sentia haviam-se combinado à sua. Com o tempo, os pais e parentes do doador adolescente acolheram Claire Sylvia em sua família.

As experiências de Sylvia a levaram a organizar um grupo de apoio para outras pessoas em sua área, pessoas que haviam passado por transplantes de órgãos, e descobriu que muitas delas tinham sensações semelhantes quanto a herdar maneirismos e preferências de outras pessoas junto com os órgãos doados. Um homem que havia perdido o seu ritmo e a sua capacidade quanto a dançar e a praticar esportes acreditava que recebera o coração de uma pessoa de vida sedentária. Um caucasiano tímido, introvertido e com preconceitos de raça tornara-se uma pessoa loquaz e interessada em direitos civis depois do transplante.

Sylvia começou a entrevistar pacientes que passaram por transplantes de órgãos sempre que possível. Embora eles relutassem em revelar percepções que eles sabiam provocariam o ceticismo, ela descobriu que eles passaram por uma variedade de mudanças de caráter surpreendentes depois de receber seus novos órgãos. Algumas dessas mudanças incluía a adoção de um vocabulário e de modos de expressão novos, o desenvolvimento de certa tendência a blasfemar quando se havia nascido cristão e a substituir, por exemplo, a fobia por água pela vontade de andar de barco e nadar. Um outro homem viu-se atraído por um determinado banco dentro de uma igreja desconhecida e com a sensação de que conhecia o padre de lá. Pensando bem, as mudanças iam da transformação de uma pessoa tediosamente "certinha" até uma pessoa desmazelada, ou mesmo até a visão de aparições e a sensação da presença do espírito de um doador.

As mudanças registradas mais comumente foram novas preferências por comida, sobretudo entre pessoas com transplante de rins. Por exemplo, uma pessoa que comia carne virou vegetariano, e um homem que jamais gostara de café recebeu um rim de sua irmã, que por sua vez adorava café, e em pouco tempo também passou a gostar muito dessa bebida.

Em alguns casos, as pessoas que receberam órgãos sentiram que essas mudanças de personalidade adquiridas se dissiparam com o tempo. Para outras, o regresso ao seu eu anterior foi mais rápido. Muitos dos pacientes transplantados sentiram que o espírito ou as lembranças do seu doador posteriormente se foram.

As histórias incomuns de *A Change of Heart* levantam questões semelhantes a outras discutidas neste capítulo. Será que algum aspecto do nosso eu permanece depois que o nosso corpo morre? Temos um espírito que, por um período depois da nossa morte, pode afetar os vivos e com eles se comunicar? Poderia ser que, quando pessoas morrem de repente e de maneira inesperada, como acontece em assassinatos ou acidentes, o espírito delas se vê preso entre as duas dimensões da vida e do período após a vida, e se ligam a uma outra pessoa, fazendo com que esta, inclusive médiuns, herdem suas lembranças e preferências ou tenham acesso a elas?

O psicólogo Carl Jung acreditava que o espírito dos mortos é criado pelos que morrem mas continuam psicologicamente ligados a alguém vivo. Esses espíritos, segundo Jung, são ativados por emoções fortes ou necessidades não-satisfeitas, provavelmente da parte do morto ou do vivo, ou por alguma interação envolvendo a ligação emocional deles.[25]

Outros aventaram a hipótese de que as lembranças e as emoções podem estar contidas em nossas células ou órgãos, e que se pode ter acesso a essas informações por meio de um paciente que recebeu um órgão.

Cremos que a transferência da lembrança não precisa depender da célula, porque nossa mente é não-localizada – não está localizada em nosso cérebro ou corpo. De acordo com Rupert Sheldrake, "nossa mente assemelha-se mais a um aparelho de televisão do que a gravadores de vídeo; uma TV se sintoniza com as transmissões, mas não as armazena.[26] Concordamos com a idéia do autor dr. Larry Dossey de que algum aspecto da consciência do doador se une fundamentalmente à da pessoa que recebe o órgão, e de que receber o coração do doador de algum modo intensifica uma ligação mental já presente.

O fio importante que entrelaça esses exemplos todos é que a consciência persiste, e que nossa mente é poderosa. Nossas lembranças e pensamentos atuais afetam os pensamentos e experiências de nós mesmos e de outros no futuro. Nossas lembranças, emoções e intenções criam informações a que se pode ter acesso em estados de consciência extraordinários, tais como transes mediúnicos e sonhos.

Podemos exercer influência sobre a que informação podemos ter acesso a partir da mente não-localizada superior por meio do treinamento de nossa mente quanto a métodos que diferem do pensamento ou da análise racional. Muito da nossa capacidade como humanos se desperdiça na agitação quanto ao futuro, na lamentação do passado, no ato de julgar os outros ou de nos punirmos no presente, e no hábito de nos determos no ressentimento. Às vezes nos sentimos deprimidos, com medo ou angustiados – tudo isso simplesmente é criado por uma reação a nossos próprios pensamentos casuais e vestígios mentais. Todas as filosofias espirituais do mundo ensinam uma forma mais compensadora de viver esta vida que nos foi dada. Essa forma envolve o domínio de nossa mente indisciplinada.

De todas as abordagens da sobrevivência aqui analisada, vemo-nos provavelmente mais à vontade com as visões expressas sucintamente do sábio indiano Ramana Maharshi:

> O Eu real é contínuo e não influenciado. O ego que reencarna pertence ao plano inferior, a saber, o pensamento... Em qualquer plano em que aconteça à mente agir, ela cria um corpo para si mesma; no mundo físico, um corpo físico; no mundo onírico, um corpo onírico...
>
> Agora deveria estar claro que não há nem nascimento real nem morte real. É a mente que cria e conserva a ilusão da realidade nesse processo, até que seja destruída pela compreensão de si mesma.[27]

Os casos descritos neste capítulo, a par de experiências descritas no capítulo anterior, fornecem fortes evidências de que cada um de nós está no centro de um vasto sistema de coordenadas pessoais em que podemos ver em todas as direções e nos lembrar tanto do passado como do futuro. À medida que aprendemos a participar dessa consciência expandida de espaço e tempo, de passado e futuro, criamos a oportunidade de vivenciar a transcendência descrita pelos místicos do mundo.

A Filosofia Perene declara que a consciência expandida pode ser cultivada conscientemente. Num lugar tranqüilo e seguro, podemos nos tornar conscientes de nossa natureza essencial, intemporal – aquela parte onipresente de nós mesmos, entretecida numa rede espiritual ligada a tudo.

No capítulo anterior, examinamos as evidências que a ciência contemporânea apresenta para a ligação de nossa mente com outra. Também nos voltamos para um sem-número de razões por que uma pessoa pode querer se desenvolver no aprendizado de atentar para a sua própria mente, e se tornar consciente dessas ligações. No próximo capítulo, veremos as evidências da nossa capacidade de *criar a paz em nossa mente, bem como de aumentar o bem-estar dos outros*. Somos co-criadores poderosos num universo que envolve participação, e podemos todos afetar positivamente este mundo, a cada segundo, mesmo sentados em nossa poltrona.

CAPÍTULO

5 O uso da mente para mudar de vida

Os efeitos de cura da mente — sobre nós mesmos e sobre os outros

A maioria das pessoas vive, física, intelectual ou moralmente, num círculo muito restrito do seu ser potencial. Elas fazem uso de uma parte muito pequena de sua consciência possível.

— William James

A maior parte do tempo, parece que cada um de nós tem sua própria mente isolada, contida no seu próprio cérebro separado; mas um número cada vez maior de pesquisas confirma nossa experiência de que a mente está liberta do cérebro, do corpo, do tempo ou do espaço de um ponto de vista individual. No capítulo anterior, descrevemos as experiências que demonstram a natureza não-localizada da consciência. Demos exemplos de pessoas com acesso a informações de lembranças, emoções, desejos e intenções por meio dos estados alterados da consciência. Neste capítulo, examinamos a idéia de que estamos repletos da consciência ou espírito que anima e ativa a nossa mente *e* o nosso corpo.

Nossa mente individual está contida numa consciência maior e não-localizada, que dá a cada um de nós o potencial para agir como um co-criador do nosso mundo. Somos muito mais do que efeitos impotentes de causas casuais; cada um de nós tem o potencial de afetar o curso de nossa vida e o da vida dos outros. É hora de reconhecermos o nosso potencial e aprender a usá-lo para o bem de nós mesmos e das pessoas que amamos.

O campo da psiconeuroimunologia e dos efeitos de cura de imagens, afirmações, da meditação, da psicoterapia e do *biofeedbak* estão bem explicados em outros escritos, de forma que nos ocuparemos apenas brevemente do modo como o domínio de nossa mente e a concentração de nossa atenção podem causar o relaxamento e melhorar a saúde do *nosso próprio* corpo. Nosso centro aqui, contudo, é a pesquisa que funciona como marco miliário e que exemplifica o quanto a atenção concentrada de uma pessoa pode afetar a cura de *uma outra pessoa*. Nosso objetivo é examinar o conjunto de pesquisas científicas que mostra que nossa mente é de fato não-localizada, e estabelecer os alicerces para explorar, nos capítulos finais, o poder da oração.

A experiência com a cura

Embora esse conjunto de evidências científicas seja substancial, não sentiríamos a forte necessidade de partilhar essas idéias se a nossa experiência pessoal não nos tivesse mostrado a verdade da mente não-localizada. Um de nós (Jane) tem atuado como agente de cura espiritual por mais de vinte anos, depois de lhe ser ensinada, ou dada, essa capacidade num sonho semelhante a uma experiência de quase-morte que ela teve depois de rezar pela recuperação de um sofrimento atroz. Os agentes de cura espirituais regularmente imergem num estado incomum de consciência que afeta o estado psicológico e físico de seus pacientes. Jane descreve uma cura espiritual recente em que ela sentiu uma corrente vibratória de energia de amor irradiando-se por ela e afetando as pessoas reunidas em torno dela na capela de uma igreja.

Ninguém esperava nada fora do comum. Minha intenção era falar brevemente à congregação sobre experiências espirituais que afloram e sobre como a cura espiritual se relaciona com a nossa natureza não-localizada. Pelo fato de a igreja na época estar sendo restaurada, um enorme toldo lhe servia de santuário. A pastora, a Reverenda Marge Britt da Igreja da União em Tustin, Califórnia, perguntou se eu faria uma breve demonstração da cura em frente da igreja a congregados dispostos a tanto. Concordei, esperando realizar uma versão abreviada do meu procedimento, que às vezes levo a efeito num lugar privado, com um paciente de cada vez.

As pessoas começaram a fazer fila na nave lateral e, à medida que se foram aproximando de mim, comecei uma breve interação de cura com cada uma delas. Para curar, abro todo o meu ser para que se torne um canal límpido para a experiência que conheço como Deus, com a intenção de ser usado para a cura. Para fazer isso, entro num estado de consciência isento de obstáculos mentais de autoconsciência. Enquanto estou numa interação de cura, sinto ondas de vibração atravessando o meu corpo e se irradiando para fora. Concebo essa energia como uma presença ativa e inteligente de amor, que de alguma forma desperta a própria capacidade que o paciente tem de curar a si mesmo. Os pacientes não raro sentem essas radiações como apaziguantes e estimulantes ao extremo. Muitos pacientes passam por uma liberação física da tensão, bem como por um influxo de energia que dissolve o sofrimento e facilita a cura. Essas sensações são acompanhadas de calor e pruridos, que uma mulher descreveu como um "tricotar" dentro do seu corpo.

Enquanto a suave música do órgão enchia o santuário, a pastora e outros membros da igreja se puseram à minha volta com suas intenções de cura. Enquanto as pessoas entravam nesse casulo tranqüilo de mentes unidas, muitas eram vencidas pelas lágrimas e tomadas de um sentimento de amor não específico. Depois de quatro horas fundindo minha consciência com a de mais de cem pessoas, toda a igreja parecia repleta de uma presença ressonante de energia espiritual que tomava conta das pessoas. Mesmo os que a princípio desprezaram ou até repeliram a idéia de buscar um curador espiritual se interessaram a ponto de reconhecer aquela tarde como uma experiência única e tocante. Naquelas quatro horas extraordinárias, a congregação perdeu sua separatividade e também seu sofrimento.

Ninguém previu esse fato. Muitos observaram um remoinho de vento incomum no toldo durante o serviço de cura. Como cientista, eu naturalmente teria dificuldade para crer nesse tipo de experiência ou para entender por que as pessoas partilhariam semelhante comportamento irracional, não houvesse sido tomada pela experiência eu mesma.

Sempre serei grata aos membros de todas as congregações que se abriram e confiaram o bastante, a ponto de aceitar que esse mistério ocorresse por meio de nossa consciência interativa.

No nosso livro *Miracles of Mind*, descrevo extensamente minhas experiências de curadora, e algumas das notáveis curas que os pacientes tiveram com a minha ajuda. Sempre acho difícil acreditar no que acontece quando me disponho a servir de canal para a cura. Quando pergunto à presença ativa, que concebo como Deus, "Por que é que você está *me* usando para *isso?*", minha resposta é a mesma que Helen Schucman recebeu quando perguntada sobre o porquê de ter sido escolhida para escrever *A Course in Miracles*: "Porque vou fazer isso!" E é verdade. A cura espiritual não acontece por causa de mim; ela ocorre naturalmente "apesar de mim".

Eu não *faço* nada; só deixo uma energia ativa, inteligente e organizadora me usar. Entrego minha *auto*consciência – a idéia de que sou um corpo isolado, apartado dos outros. Em anos anteriores, minha curiosidade sobre o que aconteceria sobrepujou a minha relutância a ser tachada de tola. Hoje, o espírito que me anima surpreende minhas barreiras mentais de dúvida. Sinto muita gratidão por ser usada como um instrumento de ajuda e cura num processo que eu não entendo. Quando volto minha atenção para dentro, para a fonte da minha atenção, sinto que a minha consciência não se limita ao meu corpo. A consciencia infinita e livre está presente. Somos todos curadores espirituais ligados à consciência, à espera de nos reconhecermos.

Expectativas e crenças

Em seu livro *Flow*, o psicólogo da Universidade de Chicago Mihaly Csikszentmihaly escreve sobre a experiência humana marcada pela excelência. Ele nos diz que a batalha para ter controle sobre a nossa atenção é, na verdade, uma luta para o eu. "O controle da consciência determina a qualidade de vida", escreve.[1]

Csikszentmihaly ensina que *nossas intenções são a força que mantém ordenadas as informações na consciência*. Cada pessoa fixa sua atenção limitada concentrando-a intencionalmente como um raio de energia, ou difundindo-a em movimentos aleatórios desconexos. Essa idéia é paralela à premissa básica dos Vedas que Patanjali ensinava vinte e três séculos atrás: nossas experiências se moldam conforme nossas expectativas e crenças – por vezes reações ao passado – combinadas ao sentido de nossa atenção no presente.

Assim, a mais moderna psicologia de hoje concorda com os mais antigos registros do pensamento asiático sobre a relação da mente com a experiência. Todos afirmam que a forma e o conteúdo de nossa vida dependem de como usamos a nossa atenção. "Porque a atenção determina o que aparecerá ou não na consciência", escreve Csikszentmihaly, "e porque dela se requer que faça com que quaisquer outros acontecimentos mentais, tais como a lembrança, o pensamento, o sentimento e a tomada de decisões – se dêem ali, é útil pensar na atenção como energia psíquica..."[2]

De acordo com esse autor, nós *criamos* a nós mesmos pelo modo como investimos essa energia psíquica. Nossa tensão é uma energia sob o nosso controle; estamos livres para fazer com ela o que nos aprouver. "Portanto, a atenção é o instrumento mais importante para nós na tarefa de melhorar a qualidade de nossa experiência", ele escreve. Talvez não sejamos capazes de mudar os acontecimentos, mas nossa experiência deles está sob nosso controle. E o potencial não explorado da mente humana para fomentar a criatividade, a paz, a alegria, o amor, a sabedoria e a saúde deve ser *intencionalmente cultivado*. Além disso, o passo poderoso do aprendizado para controlar nossa atenção, a fim de compreender nosso potencial espiritual e transformar nossa consciência, *deve-se iniciar por si mesmo*.

A concentração transforma o nosso corpo e a nossa mente

Aprendemos minuciosamente a fazer uso do nosso poder mecânico, químico e elétrico para aumentar nossa comunicação e ligação – ampliando nossa capacidade para transcender a distância e o tempo. Nossos carros, telefones, tevês, rádios, computadores e máquinas de fax atestam isso; no entanto, Jon Kabat-Zinn, autor de *Full Catastrophe Living*, acredita que os efeitos transformadores sobre a sociedade na qual grande número de pessoas cultivam intencionalmente uma vida de mais concentração acabam sendo potencialmente mais fortes do que todos os nossos avanços tecnológicos juntos.

Na Clínica de Diminuição do Stress no Centro Médico da Universidade de Massachusetts, fundado por Kabat-Zinn em 1979, mais de dez mil pessoas aprenderam a se fortalecer com o que já têm. Elas aprendem a lidar com problemas médicos crônicos, com doenças e dores, assumindo o controle de sua mente. Mais de 25 hospitais e centros médicos, bem como uma série de escolas e prisões em todo o país também ensinam os métodos de Kabat-Zinn para diminuir o *stress* por meio do exercício da escolha sobre como concentrar a atenção.

"A meditação da concentração" é um método para disciplinar a mente ao fixar-se num pensamento específico, ou ao se livrar de todo dos pensamentos e emoções e, simplesmente, atentar para o que quer que aflore à consciência. As pessoas que praticam esse método relatam um sentido maior de domínio de si mesmas, de bem-estar e paz. Vícios, raiva incontrolada, hostilidade e tendências agressivas também diminuem quando as pessoas desenvolvem o que Kabat-Zinn descreve como "uma profunda familiaridade e intimidade com a ação e reação da mente da pessoa e certa competência ao se navegar pelos pensamentos e emoções de alguém com equilíbrio, lucidez e comprometimento".[3]

Os efeitos terapêuticos sobre a saúde da pessoa em função de aprender a atentar para a própria mente hoje se acham bem documentados. A pesquisa do dr. Herbert Benson, na Harvard Medical School, mostrou que as pessoas que praticam a Resposta de Relaxamento dele são capazes de diminuir significativamente a freqüência cardíaca e a pressão sangüínea. Essa prática de meditação requer apenas que a pessoa se sente confortavelmente com os olhos fechados num lugar calmo, pelo menos durante dez minutos em cada sessão. Até mesmo sentar no chão numa despensa durante o café funciona. Enquanto se está isolado e em tranqüilidade, a meta é manter a atenção concentrada numa palavra ou imagem mental, levando calmamente a atenção de volta ao ponto escolhido quando se tem pensamentos de distração. É importante conservar a atitude do deixar-se "ir com a onda"; assim, os pensamentos que causam distração são simplesmente percebidos para que possam ir-se embora, enquanto voltamos nossa atenção à palavra ou imagem escolhida.

Benson e seus associados no Mind/Body Medical Institute de Massachusetts registrou diminuições significativas na dor crônica, na insônia, nos sintomas de TPM, na arritmia cardíaca, na náusea associada à quimioterapia, na depressão, na dor que acompanha procedimentos com raios X, na dor pós-operatória e na angústia, bem como na freqüência e na contundência de enxaquecas nas pessoas que de hábito realizam essas práticas contemplativas.[4]

Ninguém entende claramente como as intenções de alguém resultam na contração muscular. Continua a ser um mistério o modo como a mente invisível movimenta o corpo físico; mas *de fato* sabemos que ela é mais poderosa do que antes pensávamos. A ciência do século XX já provou que os nossos pensamentos afetam os outros – que estamos todos ligados por meio da nossa consciência. Não estamos nem mesmo sozinhos ao sentir os efeitos de nossos próprios pensamentos...

Na verdade, já estamos ligados a uma Internet psíquica – o "inconsciente coletivo" de Jung; mas os usuários são sobretudo os que aprenderam a refrear os pensamentos e a concentrar a atenção. Eles estão se sintonizando para acessar e influenciar a troca de informações.

Como sabemos que nossos pensamentos afetam os outros? Um corpo significativo de pesquisas demonstra que as intenções concentradas de alguém podem influenciar os processos biológicos de alguém distante. Ainda não entendemos como isso ocorre, mas os resultados são indiscutíveis, e têm implicações óbvias para nossa capacidade de facilitar a cura nos outros. "Faça aos outros o que você gostaria que eles lhe fizessem" assume novo sentido quando compreendemos que estamos ligados, como demonstram as seguintes pesquisas.

A cura à distância com pacientes de AIDS

Um estudo importante de Fred Sicher, dra. Elisabeth Targ e outros foi publicado no número de dezembro de 1998 do *Western Journal of Medicine*. Ele descreve os efeitos terapêuticos positivos da cura à distância em homens com AIDS num estágio avançado, na pesquisa realizada no California Pacific Medical Center.[5]

Os pesquisadores definiram a cura à distânca como um ato de "mentalização com vistas a beneficiar a distância o estado físico e emocional de outra pessoa", acrescentando que, "Ela foi descoberta de alguma forma em quase todas as culturas desde a época pré-histórica". Sua pesquisa aventava a hipótese de que uma intervenção de cura à distância intensiva de dez semanas, por meio de agentes de cura experientes situados em toda a área dos Estados Unidos, beneficiaria os resultados médicos de uma população de pacientes com AIDS num estágio avançado na área de São Francisco.

Num estudo-piloto, vinte homens com AIDS foram classificados pelo número de doenças que definem a AIDS que eles tinham. Um número igual de homens de cada categoria foi escolhido aleatoriamente ou para o grupo experimental ou para o grupo de controle. Num estudo subseqüente de quarenta sujeitos, os homens e mulheres foram agrupados cuidadosamente em pares por idade, contagem de células T e pelo número de doenças que caracterizam a AIDS. Cada par foi dividido aleatoriamente entre o grupo que receberia a cura à distância ou o grupo de controle. As condições dos participantes foram avaliadas por testes psicométricos e por exame de sangue em registro, depois da intervenção de cura à distância e seis meses mais tarde. Os médicos que passaram em revista seus mapas médicos não souberam a que grupo os pacientes pertenciam.

Quarenta agentes de cura à distância, de todas as partes do país, se ligaram ao estudo. Cada um deles tinha mais de cinco anos de experiência em sua forma particular de cura. Pertenciam às tradições cristã, judaica, budista, ameríndia e xamânica, bem como a escolas de cura "bioenergéticas" e seculares. Cada paciente com AIDS no grupo que recebia a cura foi tratado por um total de dez agentes de cura diferentes num esquema de cura rotatório. Pediu-se aos agentes de cura que trabalhassem no paciente que lhes fora designado durante aproximadamente uma hora por dia durante seis dias consecutivos, com instruções para "dirigir uma intenção de cura e bem-estar" ao sujeito do qual estavam tratando. Nenhum dos sujeitos nos estudos encontrou os curadores, e ambas as categorias ignoravam em que grupo qualquer um deles tinha sido posto ao acaso.

Num plano-piloto menor, quatro dos dez sujeitos do grupo de controle morreram, ao passo que todos os sujeitos no grupo de tratamento sobreviveram; mas esse resultado notável foi provavelmente confundido em função das distribuições desiguais de idade nos dois grupos. No estudo subseqüente, a idade foi incluída na estratificação.

Todos os sujeitos no estudo subseqüente foram tratados com a "Terapia das Três Drogas", o famoso tratamento do coquetel, e nenhuma morte ocorreu no grupo de tratamento nem no de controle. Na metade do estudo, nenhum dos grupos tinha uma maioria significativa de indivíduos capaz de adivinhar corretamente se estava no grupo que recebia a cura. Contudo, pelo fim da experiência, os homens do grupo de cura puderam se identificar com significativas diferenças em contraste com o acaso, porque eles apresentavam um número de doenças oportunistas muito menor.

O grupo de tratamento conheceu resultados médicos significativamente melhores, bem como resultados melhores de qualidade de vida, com diferença de cem para um em muitas medidas quantitativas. Esses indicadores incluíam um número menor de visitas de médicos a pacientes de ambulatório (185 vs. 260), menos dias de hospitalização (10 vs. 68), menos doenças graves adquiridas durante o estudo, do modo como foi medido pela contagem de gravidade de doenças (16 vs. 43), e bem menos tensão emocional.

O editor do boletim apresentou o documento escrevendo, "O ensaio publicado a seguir destina-se à ciência avançada e ao debate. Foi visto e revisto por especialistas em bioestatística conhecidos em toda a nação e pela medicina complementar... Optamos por publicar esse documento provocador para estimular outros estudos de cura à distância, e outras práticas e agentes complementares. É hora de mais luz, menos escuridão, menos barulho".

A oração de cura com pacientes cardíacos

Acumulam-se evidências consideráveis quanto à eficácia da cura pela oração. Um estudo pioneiro e bem-sucedido da cura à distância com pacientes em hospitais em São Francisco foi relatada no famoso *Southern Medical Journal*.[6] Em 1983, o físico Randolph Byrd realizou um experimento simples no San Francisco General Hospital para testar o conceito de oração de cura. Por mais de dez meses, ele estudou os efeitos da oração de intercessão com um ciclo de orações católicas sobre 393 pacientes do sexo masculino hospitalizados com doenças do coração. Esse estudo era também do tipo "duplo-cego", no sentido de que nem os médicos, nem os pesquisadores nem os pacientes que participavam sabiam quais homens estavam recebendo as orações experimentais e quais estavam no grupo de controle, enquanto o resultado de cada paciente não fosse avaliado no fim do estudo. O estudo do experimento de cura pioneiro de Byrd mostrou que os pacientes que receberam a oração tiveram um número significativamente menor de complicações médicas, precisaram de muito menos antibióticos e diuréticos, além de menos assistência mecânica para respirar do que os pacientes que não receberam a oração de intercessão.

A influência mental à distância dos sistemas vivos

Temos por certo o efeito de tranqüilização que a fala mansa de uma mãe tem sobre a criança agitada, sem pensar de fato nos efeitos de suas *intenções* apaziguantes.

Mais de trinta anos de investigação mostram claramente que a atenção mental e concentrada de uma pessoa pode afetar o funcionamento fisiológico e mental de pessoas num lugar distante. Sem dúvida, o dr. William Braud, atualmente diretor de pesquisa no Institute of Transpersonal Psychology em Palo Alto, Califórnia, concebeu e dirigiu a investigação mais abrangente de influências mentais à distância por parte de seres humanos sobre uma variedade de organismos vivos. Os sistemas influenciados à distância que ele investigou durante mais de quinze anos incluíam mudanças na atividade eletrodérmica de uma outra pessoa (reação galvânica da pele), na pressão sangüínea, na atividade muscular inconsciente e na capacidade de resolver problemas. Ele também dirigiu experimentos para afetar o movimento dos peixes e de animais pequenos.

Esses experimentos simples realizados em laboratório demonstram os efeitos não-localizados de nossa mente, e servem como modelos para os experimentos de cura feitos com pacientes em hospitais. A pesquisa de Braud já mostrou que as pessoas que são mais estressadas ou que precisam de mais ajuda para completar uma tarefa mental parecem lograr o benefício maior de pessoas que lhes enviam intenções de ajuda.[7]

Hemácias que curam

Embora a maior parte do trabalho muito bem-sucedido de Braud tenha envolvido aumentando e diminuindo o grau de relaxamento das pessoas num lugar distante, achamos mais interessante seus experimentos com vistas à recuperação mediúnica de hemácias ameaçadas. Nesses experimentos, pedia-se aos participantes que influenciassem o comportamento dessas células que normalmente são consideradas como não tendo nenhuma consciência.

As células sangüíneas eram colocadas em tubos de ensaio de água destilada, um ambiente nocivo para elas. Se o conteúdo de sal da solução do tubo de ensaio se afasta demais do plasma sangüíneo, a parede da célula enfraquece e os conteúdos da célula se derrama na solução. Trinta e duas pessoas serviram como os que exerceram influência nesse estudo, e vinte tubos de sangue foram comparados para cada sujeito. Os participantes foram colocados num cômodo distante, com a tarefa de tentar salvar as hemácias da destruição em dez tubos-alvo. Os corpúsculos nos dez tubos de controle tinham de defender-se por si mesmos. Braud achava que os curadores à distância eram capazes de retardar significativamente a taxa de hemólise, ou estouro, nas células dos tubos-alvo.[8] Mais importante ainda é que esses experimentos mostram que a mente de uma pessoa pode ter efeitos sobre um sistema vivo, os quais não podem ser atribuídos ao efeito placebo nem ao tratamento piedoso e gentil dispensado aos doentes. Também surpreendente é o fato de que os que tiveram os resultados estatisticamente mais significativos foram mais bem-sucedidos em ajudar suas células sangüíneas a sobreviver do que as células que vieram de uma outra pessoa.

Pode ser que, se o funcionamento psíquico for visto como um tipo de ressonância, seja mais fácil para uma pessoa entrar em harmonia com uma parte dela mesma do que com uma parte de outra pessoa. A capacidade dos curadores de se harmonizar facilmente com os outros pode explicar em parte seu poder de curar os outros. É importante lembrar que, enquanto não há nenhum substituto para o talento natural, tudo o que o ser humano é capaz de fazer está dentro da capacidade dos outros também, embora possa custar mais aprendizado e prática.

Olga Worrall cura bactérias enfraquecidas

Nos anos de 1980, a renomada agente de cura americana Olga Worrall participou de um experimento realizado na Universidade da Califórnia em Berkeley, no qual ela pôde prolongar a vida de bactérias que eram desafiadas por antibióticos.[9] A sra. Worrall recusava-se a conscientemente causar dano a qualquer coisa viva, mas estava disposta a tentar curar as bactérias do tipo *E. coli* que tinham sido envenenadas com tetraciclina. As pesquisadoras dra. Elizabeth Rauscher, uma física, e a bióloga dra. Beverly Rubik, mostraram em testes de comparação bem controlados e paralelos a capacidade da sra. Worrall de prolongar a vida das células *E. coli* para as quais ela estava dirigindo suas intenções de cura. Depois de quatro horas de exposição ao antibiótico, todas as bactérias de controle estavam mortas, enquanto um número significativo de bactérias para as quais ela rezara continuava viva.

Uma descoberta importante a partir desse estudo foi que a agente de cura não podia aumentar a taxa de reprodução da colônia de bactérias saudáveis. Em vez disso, podia ajudar as bactérias que precisavam de cura. Esse experimento foi semelhante ao das hemácias ameaçadas mergulhadas em solução tóxica. As bactérias são sistemas mais complexos do que hemácias, e podem se reproduzir; mas ambos os sistemas unicelulares são vivos, de modo que podemos imaginar sua consciência sendo entrelaçada com a consciência humana. Os experimentos com as células e bactérias, assim como com os animais, são importantes no estudo da cura à distância por causa de sua liberdade quanto a expectativas humanas que podem facilmente levar ao efeito placebo.

Despertando ratos anestesiados

No começo dos anos 70, Anita e Graham Watkins, na Foundation for Research on the Nature of Man em Durham, Carolina do Norte, dirigiram estudos de cura com ratos. Eles investigaram se agentes de cura experientes e sujeitos de pesquisa sobre PES poderiam ajudar os ratos que haviam sido anestesiados com éter a acordar mais rápido do que ratos de controle anestesiados simultaneamente. Em alguns dos experimentos, os participantes se sentavam na mesma sala dos ratos que eles iriam tentar reanimar; num outro estudo, as pessoas que tentavam reanimar os ratos estavam numa sala ao lado, vendo os ratos por meio de um espelho que não lhes permitia ser observados.

Enquanto observavam dali os ratos, a pessoa que participava da experiência escolhia ao acaso um rato para cada um dos treze agentes de cura acordar, e escolhia outro rato como controle. Os resultados desses estudos foram muito significativos: os ratos da experiência levavam em média 25,36 segundos para acordar, ao passo que os ratos de controle levavam 30,43 segundos – 20% mais. A probabilidade de que esse resultado se devesse ao acaso é menor do que um em um milhão. Ao todo, 32 séries foram realizadas com 24 testes em cada série. A dissertação dos pesquisadores, "Possíveis Influências de PK sobre a Ressurreição dos Ratos Anestesiados", mostrava que a intenção de cura parece ter o poder de reanimar animais inconscientes.[10] Também mostrou que os participantes que sentiam que tinham a capacidade de curar e os que tiveram um bom resultado em testes de PES, saíam-se muito melhor ao acordar os ratos do que os três membros do corpo de funcionários do laboratório, os quais achavam que não tinham nenhum talento especial para a cura.

Uma década depois, uma experiência semelhante no mesmo laboratório foi realizada pela pesquisadora Marilyn Schlitz e pelo diretor de laboratório dr. Ramakrishna Rao. Esse experimento mostrou o mesmo resultado, os ratos escolhidos acordando bem mais rapidamente do que os de controle. Uma vez mais, Schlitz, uma pessoa com visão à distância excelente e com grande envolvimento em muitas experiências bem-sucedidas de PES, foi muito mais feliz em reanimar os ratos do que o diretor de laboratório Rao.[11]

Influenciando os outros por meio de sua imagem de vídeo

No laboratório subsidiado pelo governo dos Estados Unidos na Science Application International Corporation em Menlo Park, Califórnia, Schlitz e Stephen Laberge, da Stanford University, ampliaram os experimentos do dr. William Braud envolvendo interações mentais distantes. Em 1993, eles mediram o grau em que as pessoas percebem inconscientemente a influência telepática de uma pessoa distante que está olhando para a imagem delas no vídeo. Seus dados mostram que, se uma pessoa simplesmente prestou muita atenção a uma pessoa distante cuja atividade fisiológica estava sendo monitorada, ela pode influenciar as respostas galvânicas da pele dessa pessoa.

Na pesquisa deles, uma pessoa ficava olhando propositadamente a imagem no monitor de TV de circuito fechado do participante à distância, e influenciava as respostas eletrodérmicas (GSR) da pessoa distante.[12] A pessoa que observava era instruída a que tentasse animar, despertar ou surpreender a pessoa cuja imagem de vídeo estava vendo. Em estudos anteriores de Braud e Schlitz, que também foram bem-sucedidos, a pessoa que exercia influência simplesmente fixava os olhos na imagem de vídeo de uma pessoa sem tentar influenciá-la diretamente. Em várias séries da experiência, a dra. Schlitz e LaBerge descobriram que a resposta galvânica da pele dos sujeitos havia mudado significativamente durante os períodos em que sua imagem no vídeo era observada no outro recinto. Essas mudanças foram comparadas às vezes em que essas pessoas se sentiam psiquicamente sós.[13]

O que significa tudo isso?

Desde a aurora da história, certos indivíduos em cada cultura foram reconhecidos como tendo dons de cura especiais. Os faraós do antigo Egito viam os curadores como conselheiros respeitados, e as grandes religiões do mundo foram fundadas em torno de Gautama Buda, de Jesus de Nazaré e do profeta Maomé, todos aquinhoados com esse dom. Os mais antigos cristãos eram fundamentalmente uma comunidade de cura, seguindo séculos de cura por meio dos profetas hebreus Elias, Eliseu, Isaías e Moisés.

Curandeiros e xamãs que curam em toda a África, Ásia e nas Américas lograram uma das posições mais prezadas em suas tribos. Em contraste com isso, a progressão do pensamento ocidental ignorou muito a ampla esfera da cura de uma mente com a outra que funcionou em outras culturas. Só recentemente estamos compreendendo o poder que a mente tem de curar por meio de um método científico.

Simplesmente não entendemos o mecanismo causal envolvido nessas demonstrações – como o funcionamento fisiológico de uma pessoa pode ser afetado pelos pensamentos de uma outra; mas os resultados de mais de trinta anos de estudo são indiscutíveis. A diminuição do sofrimento e do *stress* de um paciente distante, por meio da ação de curadores mediúnicos e espirituais, pode ser a melhor evidência que temos para uma conexão direta entre a mente das pessoas.

Ao avaliar a pesquisa relevante sobre cura, uma relação clara surge entre a intenção concentrada do curador e as mudanças físicas nos pacientes. Um agente de cura espiritual pode propiciar a conexão entre um princípio organizador e intencional – um poder superior ou Deus – e a pessoa curada. A experiência que Jane tem de fundir sua consciência com a de uma pessoa doente ou ferida, e de concordar em ser usada como um condutor da consciência divina, pode promover um influxo de informações que o dr. William Braud descreve como ativar "as capacidades de cura de si mesmo do curador rumo ao equilíbrio, longe de influências que antes perturbavam ou interferiam".

Braud escreveu que os esforços para isolar a fonte da cura não-localizada são mal orientados. Ele acredita que "a 'linha de base' de todas as descobertas em psi parece a lição de que perguntas tais como a de quem está realizando a psi, de que tipo de psi se trata, etc., não são apropriadas, e que essas perguntas pressupõem uma visão de mundo diferente da que as descobertas em psi nos estão apresentando".[14] Braud enfatiza que esses acontecimentos psíquicos, como a cura à distância, são um "*processo* dinâmico que envolve *um campo de pessoas e acontecimentos* – um campo transespacial, transtemporal e transpessoal". A visão de Braud ajusta-se à experiência de Jane da cura espiritual – um processo interativo da consciência e com a intenção de cuidar.

O dr. Larry Dossey, físico e autor de vários livros sobre cura, afirmou inequivocadamente que, "depois de examinar esse corpo de dados durante quase duas décadas, vim a considerá-lo como um dos segredos mais bem mantidos na ciência médica. Estou convencido de que os efeitos não-localizados, distantes, são reais, e de que a cura ocorre".[15]

Nos dois capítulos anteriores, discutimos uma série de evidências de que a consciência expandida está disponível a todos. Não só temos acesso à consciência de fatos distantes e de pessoas mas também nos vemos dotados de poder para interagir com eus distantes a quem já nos ligamos. Sabemos, em função de um século de pesquisas, que o eu é afetado por eventos exteriores a seu espaço e tempo imediatos. O eu pode parecer-se com o nosso pequeno centro de consciência, mas os limites do quanto ele se estende ainda estão por ser determinados.

O pesquisador pioneiro, dr. Dean Radin, escrevendo sobre a questão do que ocorre ao eu quando o cérebro morre, diz, "Se houver um eu ampliado que inclua todos os eus, talvez a personalidade individual se perca, mas algo pode continuar... O mistério do eu é mais inescrutável do que comumente se pensa".[16]

As tradições espirituais do Oriente e do Ocidente concordam em que nossas idéias sobre eus separados como corpos físicos são errôneas. A Cristandade ensina que nossos corpos são "templos do Espírito Santo em vós..." (I Coríntios 6:19). Patanjali ensinava que nossa mente e nosso corpo são objetos, iluminados e ativados pelo "Eu", que é um termo para a consciência pura, sem limite. E a ciência contemporânea afirma que somos seres não-localizados de consciência não limitada pela distância nem pelo tempo.

A palavra "oração" na língua aramaica que Jesus usava significava "pôr uma armadilha". A palavra aramaica que foi traduzida como Deus era "*Alaha*", significando "essência" ou "energia vital". "Orar" significava algo como pôr uma armadilha para apanhar a energia vital, ou para voltar a atenção de alguém para a sintonia com a nossa essência. Quando as palavras aramaicas que Jesus usava foram traduzidas para o grego, e depois retraduzidas para o latim e o inglês, grande parte de seu sentido original foi deturpada. Não nos consideramos lingüistas, mas *estamos* tentando demonstrar que os ensinamentos de Patanjali, de Ramana Maharshi, de Jesus e dos físicos modernos partilham semelhanças importantes.

Quem somos?

Quem somos nós, de fato, e quais são as nossas capacidades potenciais? Deveríamos acreditar no sábio indiano Patanjali, que ensinava que com a prática diligente da meditação, ou com a estabilização da tensão, vem a expansão da consciência? Ele professava que uma mente cultivada pode conhecer o passado e o futuro; entender os sons feitos pelas criaturas; ler o que os outros estão pensando; perceber o pequeno, o distante e o oculto; entender o interior do corpo; lograr a perfeição do corpo; e uma variedade de outras capacidades notáveis.

É claro, Patanjali entendia que as capacidades psíquicas (chamadas *siddhis*, em sânscrito) eram também obstáculos potenciais no caminho para a iluminação, ou até para uma experiência direta e momentânea de nossa verdadeira natureza. Sua Santidade o Dalai Lama descreve a iluminação como "nenhuma existência separada". A experiência de nossa verdadeira natureza é conhecida, em sânscrito, como *sat-chit-ananda*, traduzido como ser-consciência-felicidade/amor. Patanjali explicava que a mente serena encontraria os *siddhis*, mas que essas percepções extra-sensoriais só fortaleceriam a tendência do ego para a separatividade, o auto-engrandecimento e a cobiça pelo poder, aumentando por isso a nossa dor. Só abrandando *toda* a tagarelice da mente gerada pelo ego, inclusive as percepções mediúnicas e os pensamentos brilhantes, é que somos capazes de voltar nossa atenção para dentro a fim de conhecer nossa consciência ilimitada.

A força pura que envolve compreender a própria natureza ao se tornar serena, dizem os mestres espirituais, é muito mais poderosa do que todos os demais *siddhis*. Os mestres nos dizem que a força da compreensão é experimentada como *sendo* consciência de unidade, uma extensão dela. Isso é o que o grande curador espiritual Joel Goldsmith queria dizer ao afirmar, "O contato com Deus faz com que o poder espiritual flua para a atividade humana".[17] Sempre estamos em contato com o poder espiritual, mas a experiência real dele evoca seu potencial sempre presente.

Ao falar dessa consciência primária, *A Course in Miracles* nos diz, "Sua tarefa não é buscar o amor, mas só buscar e achar todas as barreiras dentro de você, que as construiu contra ele". E que: "É função do amor unir todas as coisas em si mesmo e conservá-las assim ao ampliar-lhes a completude."[18]

A cura espiritual versa sobre a ampliação da totalidade, dentro de nossos eus aparentemente separados e entre eles. O que é surpreendentemente claro a partir dos dados apresentados neste capítulo é que, independentemente de nossas crenças, deveríamos aceitar de bom grado quaisquer orações oferecidas a nós – sobretudo se nos vemos às voltas com o desafio de uma doença.

CAPÍTULO

6 Por que os cientistas rezam

A experiência da unidade por meio da mente serena

A oração é um estado de receptividade em que a Verdade é compreendida sem o pensamento consciente.

— Joel Goldsmith
Spiritual Interpretation of Scripture

Muitas pessoas não acostumadas a rezar expressam sua gratidão por sua boa fortuna no dia de Ação de Graças. Não associamos necessariamente essa gratidão com a crença em Deus. Em vez disso, simplesmente reconhecemos que nossa vida de paz e saúde não se deve inteiramente à nossa perícia e sabedoria, que poderes e circunstâncias além do nosso controle são, pelo menos em parte, responsáveis.

Alguns também lembram as orações de súplica da infância, quando pedíamos ajuda, boas notas ou que um garoto ou uma garota reparasse em nós. Posteriormente, somos levados por nosso amor pelos outros quanto a rezar por sua saúde com preces de intercessão. Muitas religiões ensinam orações de apreço pela experiência de Deus, ou pela ajuda ou graça imerecida que surgem na nossa vida. Evidentemente, muitas pessoas se sentem incapazes de se relacionar com essas orações porque não crêem num Deus, ou não percebem a presença ativa de Deus na sua vida.

Este capítulo não versa sobre esses tipos de oração. Estamos examinando um tipo diferente de atenção: a oportunidade de sentir a unidade, a transcendência ou o contato direto com a consciência infinita.

Estamos examinando como a nossa cultura tratou dessa oportunidade, como formas dessa atenção se desenvolveram e como uma forma, a Oração de Concentração do Padre Thomas Keating, curou satisfatoriamente problemas psicológicos de pessoas. A Oração de Concentração leva a uma experiência ou presença "sentida" de Deus. Essa forma de atenção não é um exercício de relaxamento, nem auto-hipnose, tampouco PES. Ela é, de preferência, o ato de fazer com que a nossa consciência cotidiana se alce dos pensamentos limitadores de nós mesmos como pessoas separadas em corpos separados. Esse tipo de oração leva a um estado de consciência que transcende os limites de espaço e de tempo.

Experiências transpessoais

Esses estados de consciência, quando nossa percepção e capacidade de entendimento se expandem para além dos limites de nosso eu separado, são conhecidos como "experiências transpessoais". Nessas experiências, o sentido de identidade ou eu de alguém se estende além do indivíduo para abranger o cosmos mais amplo. Algumas pessoas descrevem essas experiências como "expansão da consciência", e podem percebê-las como sendo intensamente espirituais, sagradas até. Nesses estados ampliados de consciência, as pessoas têm a experiência direta de sua ligação com a própria vida – com o ser infinito e a fonte de tudo o que existe.

Outras pessoas entendem as experiências transpessoais como "experiências de pico", passíveis de serem alcançadas por pessoas desenvolvidas psicologicamente. Os psicólogos Roger Walsh e Frances Vaughan caracterizam essas experiências de pico como "experiências breves mas muito intensas, abençoadas, significativas e benéficas da identidade ampliada e da união com o universo".[1] Em seu livro clássico, *Paths Beyond Ego*,* Walsh e Vaughan descrevem a visão transpessoal da humanidade. Boa parte deste capítulo foi influenciada pelo trabalho pioneiro desses

---

* *Caminhos Além do Ego*, publicado pela Editora Cultrix, São Paulo, 1997.

dois pesquisadores iluminados, que reuniram escritos mostrando como, na história, as culturas reconheceram experiências transpessoais parecidas – experiências místicas, espirituais, benéficas e de união – e como a cultura ocidental tem custado a entender-lhes o valor. Eles escrevem, "... várias das tradições orientais descrevem famílias inteiras de experiências de pico, alegando possuir métodos que permitem ao indivíduo induzi-las por deliberação própria. Em pouco tempo ficou claro que tais experiências, apesar de terem sido muito valorizadas ao longo da história e de constituírem o objetivo de diversas disciplinas asiáticas, haviam sofrido uma significativa depreciação — e até um processo de transformação em patologia — no moderno mundo ocidental".[2]

A psicologia ocidental e a psicologia transpessoal

As experiências transpessoais às vezes são chamadas de "estados superiores da consciência", porque nelas amiúde experimentamos capacidades e percepções incomuns e aguçadas. Essa consciência expandida pode nos facultar o acesso ao que se tem chamado de "informações específicas de estado": o conhecimento aprendido ou entendido num estado de consciência que não pode ser facilmente lembrado nem compreendido em outro. E, é claro, nem todos os estados alternativos da consciência são desejáveis; alguns podem até ser nocivos. O delírio, a psicose e a intoxicação causados por drogas que viciam e pelo álcool são bem aceitos como sendo patológicos. Até a última parte do século XX, contudo, os psicólogos ocidentais rotularam de patológica a maioria dos estados da consciência que não o despertar e o sono.

A maior parte dos eruditos europeus e americanos no campo da mente, durante a primeira metade do século XX, adotaram a perspectiva psicanalítica de Freud da psicologia, na qual as experiências transpessoais foram descartadas como irracionais e, portanto, anormais. O anseio pela experiência de unidade com a consciência universal ou

Deus, por exemplo, foi considerado como indicador de um distúrbio mental em função de defesas fracas do ego, o que, por sua vez, se originava em traumas infantis.

O uso dos estados incomuns da experiência foi muito limitado na abordagem ocidental da psicologia. A hipnose foi reconhecida como um meio de levar as lembranças reprimidas da infância dos pacientes à atenção dos médicos, e os psicanalistas interpretaram os sonhos para tratar das patologias de seus pacientes. Assim, entendia-se que esses dois estados forneciam informações inacessíveis na experiência de vigília comum; mas os médicos e acadêmicos do Ocidente tenderam a negar a capacidade que os estados alterados da consciência têm de expandir o potencial das pessoas saudáveis.

A meta da psicanálise era fortalecer o ego, fazer que os pacientes dominassem seus impulsos instintivos básicos e resistissem às suas compulsões inconscientes. Esses impulsos naturais significavam sexualidade e agressividade, já que Freud não via a alteração da consciência para se ligar a Deus como um impulso normal nem saudável. Para indicar o quanto a comunidade psicanalítica considerava as disciplinas da mente como sendo primitivas e regressivas, um psicanalista preeminente escreveu um ensaio, em 1931, intitulado "O Treinamento Budista como uma Catatonia Artificial".[3]

Do ponto de vista freudiano, a vida consiste numa série de interações imprevisíveis, inevitavelmente cheias de tensão e conflito. O máximo que podemos fazer é desenvolver um forte e integrado sentimento de individualidade a fim de nos defender num mundo hostil.[4] Num livro que analisa a falta de espiritualidade na vida da maioria dos norte-americanos, o filósofo Jacob Needleman resume essa visão muito limitadora de quem somos dizendo que "o freudianismo institucionalizou a subestimação das possibilidades humanas".[5]

Infelizmente para todos nós, esse pessimismo institucionalizado perdurou até o pensamento contemporâneo. Por muito tempo, de acordo com os líderes do movimento de potencial humano, George Leonard e Michael Murphy, a maior parte de nós compreendeu "só uma fração do nosso potencial humano", e só viveu uma muito restrita "parte da vida que nos foi dada".[6] Uma das mensagens do livro deles, *The Life We Are Given*, é a de que nossa mente, nossa essência, estão ligadas à consciência cósmica, não-localizada. Somos como esponjas, cheias de consciência de vida, flutuando num vasto mar de consciência que nos permeia. Somos partículas no caldo das possibilidades ilimitadas. "Somos químicos no laboratório do Infinito. O que criaremos?", perguntou Ernest Holmes, fundador da doutrina da Ciência da Mente.

A maior parte da psicologia ocidental – da psicanálise freudiana, passando pelo behaviorismo, pelo humanismo e pelo existencialismo – ignora a nossa natureza não-localizada e supõe que a consciência seja produzida pelo cérebro físico e nele. Nossos processos fisiológicos e biológicos individuais, acredita-se, geram nossa energia vital e nossa mente pessoal. Por outras palavras, a matéria produz a consciência. E a mente, os pensamentos e impressões de cada um estão contidos num corpo individual, limitado pelo tempo de vida e desaparecendo com a morte; mas essas suposições não se relacionam com dados científicos contemporâneos que sugerem o exato oposto – que a matéria é ativada pela consciência e age como um condutor para ela.

De acordo com Freud, os impulsos sexuais e agressivos impelem o nosso comportamento; os impulsos espirituais não passam de reações regressivas a conflitos anteriores com as fortes figuras dos pais. Baseando-se em Freud, os behavioristas ensinaram que somos apenas compostos de nosso condicionamento comportamental. E os existencialistas acreditavam que o universo era aleatório e caótico; devemos definir o nosso eu solitário e isolado agindo resolutamente e lutando heroicamente antes que nossa vida sem sentido seja obliterada.

Então, nos hoje famosos anos 60, o "movimento do potencial humano", nascido da psicologia humanista e das idéias de Abraham Maslow, começou a nos despertar para o nosso potencial inato. Os pioneiros humanistas nos ensinaram a desenvolver totalmente o nosso eu autêntico e separado. Devíamos nos concentrar em "sermos reais", e dar nossa atenção a cada aspecto de nossos eu real: nossos sentimentos e reações, nossos relacionamentos e maneiras de nos comunicarmos, nossa saúde e nosso corpo, nossa criatividade e, é claro, o nosso amor-próprio.

Sobretudo, fomos exortados à "experiência plena". O *rock* de Jimi Hendrix da época desafiava, "*Are you experienced?*" [Você tem experiência?] e muitas pessoas escolheram ter a experiência total das possibilidades de vida tomando drogas psicodélicas e outras substâncias que ampliam – e entorpecem – a mente. "Pela primeira vez na história", declaram Walsh e Vaughan, "uma proporção significativa da cultura experimentou estados alterados de consciência".

Muitos membros desse grupo consideraram seus estados alterados como sendo sagrados. Sua vida mudou. Eles vieram a compreender, sem questionamento, que sua consciência se expandia além do limite do corpo, e que sua verdadeira essência era o espírito. Entendiam que toda a humanidade se ligava a toda a vida segundo modos que ultrapassavam em muito tudo o que lhes fora ensinado. Estamos familiarizados com os efeitos negativos que o uso de drogas teve na nossa sociedade; mas os aspectos positivos também deveriam ser reconhecidos.

Walsh e Vaughan reconhecem o que o uso de drogas psicoativas pode oferecer na análise que eles fazem dos caminhos que as pessoas seguiram na história para ter a experiência de sua natureza sagrada: "Algumas dessas experiências com drogas foram claramente dolorosas e problemáticas; mas outras foram estados transcendentes que demonstraram para um mundo confiante a plasticidade da consciência, a ampla esfera de seus estados potenciais, os limites e distorções de nosso estado comum, e a possibilidade de estados mais desejáveis."[7]

O *rock* dos anos 60 exaltou essa plasticidade da consciência. Os Beatles visitaram a Índia para aprender mais sobre a natureza da mente. O psicólogo de Harvard Richard Alpert deixou a academia para estudar a natureza da consciência na Índia e se tornou Ram Dass, um mestre respeitado para muitos americanos ávidos de espiritualidade. Alan Watts e Ram Dass, seguidos por Charles Tart, Ken Wilber e outros eruditos, puseram em relevo a responsabilidade no estudo das disciplinas da mente, da psicologia transpessoal e dos estados alterados da consciência.

Recentemente, tivemos a boa fortuna de passar uma noite com Ram Dass, que estava se recuperando de um ataque. Nessa reunião de mestres e pioneiros no campo da psicologia transpessoal, ele incitou a platéia a que contasse a verdade sobre o papel que as drogas psicoativas têm desempenhado em "abrir uma porta no nosso coração que leve a uma abertura para o universo". Ele nos disse que somos "os dedos de Deus, e temos a responsabilidade de ensinar o que aprendemos" acerca do poder de transformação das drogas psicodélicas, quando usadas com sabedoria e consciência, como parte da busca espiritual.

Desde os mais antigos registros da história, drogas tais como o *soma*, na Índia, e o *ayahuasca* (uma mistura de harmina e DMT que ocorrem naturalmente), na América do Sul, foram usadas para ajudar a mente preparada a alcançar a percepção ampliada. A mescalina tirada do cacto *peyote* e os cogumelos *psilocybin* foram muito usados e muito se escreveu sobre eles em toda a história. Desde os anos 60, a droga alucinógena LSD, e o MDMA empatogênico, conhecido como Ecstasy, têm sido usados para romper com os limites do ego, mesmo nos casos mais difíceis, permitindo aos usuários ter um vislumbre do que os místicos encontram ao se sentar em paz sobre uma pedra. Walsh recentemente escreveu mais sobre essas experiências "atemporais":

> E há uma coisa clara sobre os psicodélicos, e é que eles podem liberar uma variedade assombrosa de experiências. Algumas das mais poderosas, bem como das mais profundas e transformadoras, também são as mais controvertidas: sobretudo as experiências transpessoais em que o sentido do eu se expande além (trans) do pessoal ou da personalidade para abranger aspectos mais amplos da humanidade, da vida, do mundo e do universo.[8]

O caminho para se conhecer a si mesmo, que um dia foi "ligue-se, sintonize-se, desligue-se" (Timothy Leary), se tornou "esteja aqui agora" (Ram Dass) e "acorde!" (Charles Tart). Uma série de iogues hindus e swamis, mestres sufis, roshis, zen-budistas e rinpoches budistas tibetanos começaram a ensinar a grupos de americanos seus métodos e filosofias asiáticos para conhecer a verdade e lograr a paz de espírito. Deve-se dizer, contudo, que a maior parte dos americanos não demonstrou nenhum interesse em aprender a controlar a mente, em conhecer sua verdadeira natureza nem em se unir a Deus.

Mas o movimento não devia ser negado. Anteriormente, estudiosos ocidentais haviam pensado que disciplinas contemplativas orientais ensinavam as pessoas a se recolher em si mesmas e a se afastar da vida, a fim de fugir de condições sociais insuportáveis. Ora, muitas pessoas adaptadas buscam essas disciplinas mentais contemplativas; decerto elas não são mais consideradas regressivas patologicamente.

Por milhares de anos, tradições da sabedoria asiática contemplativa, tais como o budismo, o vedanta e a yoga descreveram os estágios do desenvolvimento transpessoal e os métodos para estabilizar a atenção a fim de ter acesso a informações específicas de estados. Essas filosofias espirituais mostram como aprimorar e estabilizar estados de consciência em que as percepções e capacidades humanas se expandem muito além do que os ocidentais julgavam possível.

Hoje, muitos filósofos e psicólogos, bem como buscadores espirituais e discípulos da Filosofia Perene, consideram essas disciplinas mentais como sendo psicologicamente evolutivas. Elas promovem a saúde física e mental, expandem a consciência e realçam emoções desejáveis, tais como a tranqüilidade, a equanimidade, a compaixão e o altruísmo. De fato, em *Paths Beyond Ego*, Walsh e Vaughan apresentam fartas evidências que sugerem que a falta de experiências transpessoais ou de transcendência de si mesmo podem estar por trás de grande parte da depressão, da angústia e da falta de sentido que dominam a vida de muitas pessoas hoje.

O autor e médico Andrew Weil escreve em *The Natural Mind* que o desejo de alterar a consciência periodicamente é um impulso inato análogo à fome ou ao desejo sexual. O filósofo e psicólogo Abraham Maslow explicou que, para alcançar o máximo de nosso eu, são necessários os efeitos de expansão da consciência das experiências de pico de estado alterado. Ele chegou a dizer que "sem o transcendente e o transpessoal ficamos doentes, nos tornamos violentos e niilistas..."[9] E em 1901, Richard Bucke, médico do poeta Walt Whitman e autor de um primeiro livro notável sobre esse assunto intitulado *Cosmic Consciousness*, lembrava seus leitores que todas as grandes religiões do mundo e as práticas espirituais se baseiam na experiência da pessoa de um estado iluminado de consciência expandida – uma pessoa a quem os outros respeitavam por causa de sua transcendência da autoconsciência e da experiência de união com o divino. O filósofo William James disse que o próprio conceito de "espiritual" acarreta um processo que "estabelece o eu – por mais brevemente que seja – num poder e suficiência maiores".[10]

Bucke descreveu esse estado intemporal da consciência transcendente disponível a todos da seguinte forma:

> Com a consciência do cosmos ocorre uma intensificação intelectual da iluminação que por si só colocaria o indivíduo num novo plano da existência – faria dele quase um membro de uma nova espécie. A isso se acrescenta um estado de exaltação moral, um sentimento indescritível de elevação, estímulo e alegria, e um aguçamento do sentido moral... A essas coisas acompanha o que se pode chamar sentido de imortalidade, uma consciência da vida eterna, não uma convicção de que se terá isso, mas a consciência de que já se tem.[11]

Essas experiências de pico que Bucke descreve são de fato de elevação e transformação, mas não é necessário tornar-se membro de uma nova espécie para conhecê-las. Só precisamos ser totalmente quem já somos, e neste momento compreender o nosso potencial como meios de transformar a consciência. Pôr em prática essa compreensão é algo revolucionário, assim como estar feliz e em paz neste mundo são atos revolucionários.

Essas atitudes não são coisas com que alguns de nós nasceram e os outros não. A mestra budista Sharon Salzberg escreve em *Loving-Kindness*, "A diferença entre infelicidade e felicidade depende do que fazemos com a nossa atenção".[12] Já que criamos continuamente um campo de influências na nossa vida por meio de nossas *intenções*, ela diz que é importante que nos tornemos conscientes das intenções que impelem nossos atos. O budismo ensina que as raízes das condições dolorosas em que nos encontramos são a ignorância de como a nossa atenção cria a nossa experiência ao se apegar às circunstâncias transitórias. Estar consciente de como nossa mente se comporta é a chave. Eis por que o sábio indiano Nisargadatta Maharaj ensinava que "A inteligência é a porta para a liberdade, e a atenção alerta é a mãe da inteligência".[13]

Meditação: a atenção alerta

Mestres da sabedoria ensinam universalmente que a calma interior não pode ser lograda através de alguma manipulação secreta da mente que, por mágica, suprima o fluxo do nosso pensamento, ou converta os pensamentos que causam tensão em pensamentos de paz. Não podemos de bom grado conter o nosso pensamento deixando-o longe da nossa atenção. Em vez disso, esses mestres nos estimulam a ver com clareza os nossos pensamentos, observá-los ir e vir e, deliberadamente, nos posicionar de modo diferente no relacionamento com eles. Esse processo é conhecido como meditação de concentração, que Jon Kabat-Zinn descreve em *Wherever You Go There You Are* como "Deixar que a mente seja bem como é, e saber algo sobre como ela é neste exato momento".[14] Nas palavras do iogue Swami Satchitananda, um mestre famoso de meditação nos Estados Unidos nos anos 70, "Você não pode deter as ondas da mente, mas pode aprender a surfar".

O monge vietnamita Thich Nhat Hanh chama de meditação a arte de deixar que uma forma de energia se transforme em outra, conceito semelhante a pedir a Jesus que entre na sua vida e renasça no espírito. Os mestres da sabedoria oriental desenvolveram várias técnicas de meditação para levar a mente a imobilizar-se, um requisito prévio para essa transformação de pensamentos de separação para a experiência da unidade.

O treinamento budista envolve três abordagens básicas que visam a consciência expandida e, posteriormente, a iluminação. Uma técnica central é a arte de se concentrar numa única coisa para que a mente entre num estado unidirecional. O foco da atenção pode ser um objeto, uma parte do corpo, um pensamento, o espaço entre os pensamentos, um som, todos os sons, uma palavra sagrada ou, como no zen, um enigma ou *koan*. Com a atenção voltada para um ponto, posteriormente até o foco mental se dissolve, revelando nosso estado natural de consciência pura.

O mestre budista Thich Nhat Hanh ensina esse método simples de voltar a atenção a um só ponto de apreciação para o momento presente – o único momento em que podemos sentir a paz ou a presença de Deus. Ele sugere que repitamos silenciosamente estas quatro frases enquanto prestamos atenção na nossa respiração:

Inspirando, acalmo o corpo.
Expirando, sorrio.
Habitando no momento presente
Sei que é um momento de glória![15]

A maioria das formas de meditação asiáticas enfatiza o desenvolvimento da consciência da respiração. A yoga inclui muitos exercícios e técnicas de respiração, enquanto práticas budistas, como a de Thich Nhat Hanh, enfatizam a simples consciência da respiração. Um terceiro método para aquietar a mente é concentrar-se no corpo, amiúde sentando-se imóvel e *sentindo* as sensações do corpo, em vez de pensar sobre elas.

Todas essas técnicas visam deter o fluxo de consciência. A concentração unidirecional leva a um enfraquecimento dos pensamentos. Concentrar a atenção em sensações corporais permite que se compreenda que não somos o nosso corpo, mas aquilo que está *consciente* do nosso corpo. E nos concentrarmos na nossa respiração leva a uma consciência da vida em nós mesmos e ao respeito para com ela – o cerne espiritual do nosso ser.

O budismo, pois, ensina a importância dos três elementos, ou jóias, do caminho espiritual: um mestre (o Buda), um corpo de ensinamentos (o *dharma*) e uma comunidade espiritual amável e não violenta (o *sangha*). A meditação sem esses alicerces pode levar a uma perda patológica do eu, sem os efeitos desejados de alegria, paz e amor.

A prática espiritual, de acordo com Salzberg, "revela o coração radiante e jubiloso em cada um de nós e manifesta essa radiação ao mundo".[16] O Buda descreveu um caminho espiritual que nos livra da ilusão de estar separados dos outros como "a libertação do coração que é amor". E Kabat-Zinn explica que a "prática" no budismo não visa o sentido comum de ensaio repetitivo, assim como não há nenhuma "apresentação". A prática significa que nos comprometemos de todo, com intenção pura, a nos deter em cada momento em quietude.

É hora de os ocidentais entenderem que os ensinamentos do Buda se concentram em torno da gentileza, da compaixão pelos que sofrem e do não cometer agravos à vida – tudo muito semelhante aos ensinamentos de Jesus. A *experiência* da consciência de unidade e seus *efeitos* transformadores estão no cerne das tradições cristã e budista. O estado mental buscado através da meditação budista é conhecido como "o vazio", um termo que às vezes perturba os ocidentais. Esse vazio não é o nada; ele é nenhuma *coisa* e nenhum *pensamento* – uma consciência não passível de nome, ativa e pura, que nos infunde de energia, lucidez e intenções de amor. Se pudermos ir além do conceito de Deus como um homem de barbas no céu, poderemos entender o que Thich Nhat Hanh quer dizer quando diz que "se você é um cristão verdadeiramente feliz, também é um budista. E vice-versa".[17]

"A mente cria o abismo, o coração o transpõe"

O santo indiano Ramana Maharshi declarou, "Todas as escrituras sem exceção proclamam que, para a salvação, a mente deveria ser subjugada".[18] Quando indagado sobre por que os pensamentos impediam uma pessoa de ter a experiência de Deus, o sábio vedanta contemporâneo Sri Nisargadatta Maharaj respondeu a seus discípulos que a mente de um indivíduo tende a se considerar isolada, e geralmente funciona fazendo distinções. É o amor que nos permite conhecer Deus:

> Maharaj: A mente, por sua natureza, divide e opõe. Será que pode haver outra mente que una e harmonize, que veja o todo na parte e a parte como totalmente relacionada com o todo?
>
> [P.: A outra mente – onde procurá-la?]
>
> Maharaj: Indo além da mente que limita, divide e opõe. Pondo um fim ao processo mental como o conhecemos. Quando isso chega a um fim, a mente nasce.

> [P.: Nessa mente, os problemas da alegria e da tristeza não existem mais?]
> Maharaj: Não do modo como os conhecemos, como desejáveis ou repugnantes. *Isso passa a ser antes uma questão do amor buscando expressão e deparando com obstáculos. A mente abrangente é o amor em ação*, batendo-se contra as circunstâncias, no início frustrado, por fim vitorioso.
> [P.: Entre o espírito e o corpo, é o amor que fornece a ponte?]
> Maharaj: O que mais? A mente cria o abismo, o coração o transpõe. [O grifo é nosso.][19]

O "Eu" é um pensamento de separação, incluindo a separação de Deus. Os pensamentos advêm de uma parte da mente infinita se percebendo como separada, de modo que os pensamentos impedem uma experiência transcendente da unidade. As tradições espirituais, contudo, declaram que é a dor de se sentir separado e incompleto que nos leva a buscar a ligação com Deus ou a compreender nossos verdadeiros eus.

O primeiro passo para dominar o silêncio interior é estar quieto, e isso é mais bem feito por meio da reclusão. Assim, o processo que envolve compreender a consciência da unidade, diz-nos o estudioso do sânscrito Dean Brown, começa com nos separarmos dos outros e separar nossos pensamentos das coisas materiais que promovem uma "mente em funcionamento". Nós "entramos na nossa despensa" ou sozinhos "no deserto", para compreender a união com Deus, ou com o espírito que habita no nosso interior.

Patanjali ensinava que o intelecto da pessoa tendia a atribuir o poder da consciência a si próprio. Ele dizia que nossa idéia ilusória do eu separado advém dessa tendência egoísta, e que o pensamento é incapaz de transcender para ter acesso a uma dimensão superior da verdade. De acordo com Patanjali, nossa mente é mais um órgão do corpo. Como o olho, que é iluminado pela luz mas que não a cria, a mente humana é a que percebe a consciência mas não a cria. Em vez disso, é a consciência ou percepção que ativa e informa os conteúdos da mente. Pelo fato de a mente e os pensamentos de um indivíduo serem tão sensíveis a qualquer *input* sensorial que por acaso lhes prenda a atenção, o pensamento deve ser transcendido em favor da união com a Consciência Divina. A primeira sentença dos *Sutras de Patanjali* diz: "A união (*yoga*) é o abrandamento da onda cerebral."[20]

O que *podemos* esperar de uma experiência de união com Deus, segundo o místico cristão Joel Goldsmith, é uma total falta de autoconsciência comum da pessoa: "Achamos em nós mesmos um grande sentido de amor, de alegria e liberdade, um grande desejo de *existir* apenas."[21] Ele segue dizendo que essa fonte de energia de amor se manifesta numa pessoa como consciência de cura. Quando regularmente nos harmonizamos com a Consciência Infinita, uma corrente de informações ou energia de cura flui por nós, porque a consciência de amor busca prolongar-se através da mente tranqüila e receptiva. Assim, somos todos curadores espirituais em potencial.

Por que os cientistas rezam

Todas as sendas espirituais ensinam que as experiências de união com o divino promovem a saúde, bem como a iluminação por meio de um processo contínuo de renovação e expansão da consciência; mas os ocidentais, que adotam a yoga como uma forma de ginástica ou condicionamento físico, ou os que meditam apenas para aliviar a tensão que envolve orientar ou ser pai de adolescentes, ignoram a meta máxima dessas práticas. Os processos espirituais de que muitas pessoas se valem para melhorar sua forma física ou sua imagem são de fato instrumentos poderosos para a *transcendência* do corpo e de tudo o que é pessoal ou autoconsciente.

Os mestres da sabedoria dizem que você pode reconhecer uma pessoa que "conhece Deus", e sente essa união por meio de sua tendência para o altruísmo ou, antes, por um sentido ampliado do eu que inclui uma ligação íntima com toda a vida. Equanimidade em situações difíceis, gentileza e generosidade, o hábito de não julgar os outros e certo sentido de tranqüilidade interior e alegria espontânea são outros indicadores da consciência espiritual. As capacidades mediúnicas não são os critérios a serem buscados num mestre. Em vez disso, somos aconselhados a buscar o amor e a gentileza.

Todos os rituais e práticas religiosas têm como meta máxima a renúncia à autoconsciência – ao nosso apego ao corpo, aos pensamentos, às lembranças, à imaginação, às idéias de tempo e a todos os estímulos sensoriais que amiúde atraem ou repelem a nossa atenção. Quando paramos constantemente de relatar cada percepção que temos ao nosso eu – paramos de comparar, de julgar, de nos sentir inadequados, de rever o passado ou de planejar o futuro – deixamos de lado, por fim, o nosso interesse em controlar e nos entregamos.

As pessoas comumente chegam a esse lugar de renúncia depois de passar por um período negro de vazio ou de sofrimento, como o descrito pelo rabino David Cooper: "Antes desse momento, a pessoa pode sentir que todas as orações continuam sem ser respondidas. Depois da conversão [a chave de código cristã para a experiência da iluminação, segundo William James], a pessoa passa por... uma nova consciência da luz infinita."[22]

Essa ruptura para a "luz infinita" da consciência sem limites acarreta uma experiência de liberdade que transforma todo o processo de percepção da pessoa, sobretudo a percepção que a pessoa tem de si mesma. Quando você tem a experiência de que o seu eu é a consciência e não está restrito aos limites do seu corpo, você percebe que é impossível dizer onde acaba o seu eu e onde começa o de outra pessoa. Vemonos todos imbricados. Essas experiências evocam o *entendimento* para além de toda a dúvida de nossa verdadeira natureza espiritual.

O amor dos outros é o *resultado* desse autoconhecimento, em vez de a causa do conhecimento. Esse amor foi caracterizado por Sri Nisargadatta como "a capacidade de penetrar outros pontos focais da consciência". O Dalai Lama diz que essa consciência partilhada, onde superamos o isolamento da nossa mente, é essencial para melhorar a nossa atitude para com o mundo e o nosso relacionamento com os outros. Temos de saber que somos interdependentes, e que nosso maior interesse é o dos outros.[23]

Na literatura cristã, a experiência dessa consciência de transformação, em que a pessoa se enche de amor, energia e luz, foi chamada de "união mística" ou "*unio mystica*" em latim. O rabino David Cooper escreve em *The Heart of Stillness* que essa experiência da iluminação e do amor "assinala o ponto central da passagem de um indivíduo do sentimento de separação para um sentimento contínuo da presença do Divino interiormente".[24]

Oração de concentração

As experiências diretas da luz energizante e da união espiritual não são apanágio das tradições asiáticas. A Cristandade também tem uma tradição de contemplação silenciosa da "comunhão com Deus" sem pensamentos, palavras ou emoções. Gregório, o Grande, no sexto século, chamou a isso de "repousar em Deus". O estudioso cristão contemporâneo, o padre Thomas Keating do Mosteiro de São Bento do Colorado, ensina a Oração de Concentração como um modo de ter acesso a esse lugar de repouso na consciência.

Keating nos diz que "repousar em Deus" foi o sentido clássico da oração contemplativa nos primeiros dezesseis séculos depois de Cristo, de modo que esse tipo de oração silenciosa não é uma idéia nova. Seus ensinamentos levaram muitos antigos cristãos de volta à igreja. Muitas pessoas são atraídas pela Oração de Concentração como um modo de se curar de seus vícios ou mágoas psicológicas, mas a recuperação ou cura pessoal não é a meta máxima dessa prática espiritual. A meta, de acordo com Keating, é a capacidade de seguir os ensinamentos de Jesus até a união mística.[25]

Essa oração é silenciosa e meditativa; ela é realizada sem os pensamentos, palavras ou emoções que as pessoas não raro associam à oração. Na Oração de Concentração não se pede nada, nem se suplica a Deus misericórdia ou intercessão. Essa prece de união com Deus condiz com os caminhos místicos (interiores, experienciais) de outras doutrinas espirituais.

"A primeira língua de Deus é o silêncio, e tudo o mais é uma tradução ruim"

Por meio da Oração de Concentração, o padre Thomas Keating ensina que uma pessoa pode embarcar na "jornada espiritual" até uma experiência de autotranscendência e união com o divino. À medida que as pessoas desenvolvem uma prática regular desse tipo de oração, ele diz, os problemas físicos, mentais e emocionais acumulados em sua vida afloram de sua mente inconsciente para sua percepção consciente. À medida que essas mágoas passadas aos poucos vão sendo levadas à consciência, elas são liberadas silenciosamente por um processo chamado de purificação interior.

Se as mágoas de traumas reprimidos forem graves, a pessoa deverá buscar aconselhamento profissional para trabalhá-las. Em qualquer caso, as pessoas que praticam a Oração de Concentração sentem essa purificação interior como transformação da vida e cura física. "O nível de repouso profundo logrado durante o período de oração enfraquece a base sólida em torno das ervas daninhas emocionais guardadas no inconsciente, de que o corpo parece ser o armazém", explica Keating.[26]

Ele ensina que essa purificação é um processo necessário que precede o desdobramento transformador da presença divina interior: "A primeira língua de Deus é o silêncio, e tudo o mais é uma tradução ruim! A Oração de Concentração propicia um movimento no silêncio interior profundo, além de todos os pensamentos, sentimentos e percepções dos sentidos. Ela é um novo nível além das palavras, e se torna um Ser para ser comunicação em que obstáculos a uma liberdade, criatividade e completude maiores são dissolvidos."[27]

Keating diz que a "Terapia do Divino" que ocorre por meio da Oração de Concentração difere da transformação que ocorre por meio da meditação. Ele assevera que a meditação concentra a atenção num mantra repetido, na respiração ou em alguma sensação corporal como um meio de transcender a separatividade, mas que a união com Deus é graça, dádiva de Deus. A Oração de Concentração é preparação silenciosa para essa dádiva, segundo Keating, e é um ato de fé que uma pessoa leva a efeito para consentir à presença e à ação de Deus em sua vida.

Com a Oração de Concentração, uma pessoa começa com a *intenção* de repousar a consciência na presença de Deus. Chega-se à união com Deus por meio do consentimento, em vez de deixar apenas que aconteça, ou de tentar fazer com que aconteça por meio da concentração em alguma *coisa*, diz Keating. A simples palavra de uma oração, tal como "paz", "Jesus", "calma" ou "shalom", pode ser repetida silenciosamente para silenciar quaisquer pensamentos em curso e para voltar sua intenção para consciência da presença de Deus.

Deixamos ao leitor que decida se há uma diferença importante entre a Oração de Concentração e a meditação do amor e da gentileza. Se uma pessoa entender Deus como consciência infinita além de qualquer descrição, as diferenças na experiência transformadora talvez não sejam tão grandes quanto muitos ocidentais poderiam pensar.

Keating afirma que, embora a Oração de Concentração não seja um instrumento para desenvolver a concentração, liberar o *stress* ou alcançar estados superiores da consciência, trata-se da consciência transformando mesmo assim, agindo como um catalisador para o alívio saudável do nosso "falso eu". Nosso falso eu, de acordo com Keating, é a parte de nossas necessidades e impulsos, a parte que se sente magoada psicologicamente, viciada em substâncias ou inadequada. Nosso falso eu é a energia viciosa que faz com que nos entreguemos a um "programa de felicidade" para compensar o "lixo emocional da nossa vida".

A dissolução do falso eu dá-se aos poucos com o correr do tempo, de modo que uma pessoa que pratique a Oração de Concentração não pode de fato julgar-lhe os efeitos durante uma sessão de oração. Os frutos da prática espiritual são uma vida mais prazerosa e de paz; a experiência da iluminação e da união com Deus talvez emerja mais tarde, enquanto uma pessoa está fazendo algo tão simples quanto passar fio dental nos dentes...

O grande dom da obra de Keating é que ele tornou a experiência direta de Deus acessível aos cristãos, muitos dos quais haviam se voltado antes para práticas de meditação do Oriente. O que é mais importante ainda é que Keating traduziu a linguagem cristã clássica em termos que fazem sentido hoje, no contexto da psicologia contemporânea. Ele relaciona termos tais como "purgativo" e "purificação" com a liberação e a recuperação de antigos transtornos psicológicos, ressentimentos de medos que levamos conosco. A noção de Keating de "falso eu" serve como um equivalente para o conceito tradicional do "pecado original". E "inocência" relaciona-se com o estado de liberdade quanto à "nossa história", as limitações conscientes e inconscientes de nossas mágoas passadas, que bloqueiam toda a nossa consciência da presença divina interior.

Para aprender mais sobre a Oração de Concentração, recomendamos ao leitor os livros *Open Mind, Open Heart* e *Intimacy With God*, de Keating.

Não é preciso acreditar em nada para ter a experiência de Deus

De acordo com a doutrina de Keating, todos temos um potencial inato humano a ser "divinizado", o termo que ele diz ser o preferido dos padres da igreja grega para a compreensão da nossa energia espiritual inata. Ele reitera o ensinamento de outros mestres de sabedoria de que esse processo de transformação espiritual se desdobra de acordo com a prioridade que lhe damos na nossa vida.

Thomas Keating e mestres budistas tais como Thich Nhat Hanh nos fornecem instrumentos espirituais para criar para nós mais oportunidades de transcendência, da mesma forma como fazem os Sutras de Patanjali que descrevemos anteriormente. É claro que os ensinamentos, cristãos, budistas ou hindus, nos levam ao mesmo lugar, embora nos conduzam por vias diversas. Todos podemos ter a experiência de Deus independentemente de o chamarmos de Ele, Ela ou Isto, porque a verdade não tem fronteiras. O Reino de Deus está disponível a todos, de acordo com o que diz o monge budista Thich Nhat Hanh:

Embora Deus não possa ser descrito com conceitos e idéias, isso não quer dizer que você não pode ter a experiência do Deus Pai. Se a onda não precisa morrer para se tornar água, não temos de morrer para entrar no Reino de Deus.

O Reino de Deus está disponível aqui e agora. A energia do Espírito Santo é a que nos ajuda a estar em contato com o Reino de Deus... A verdade é sem fronteiras... Ouvimos sempre que Deus está dentro de nós. Para mim, isso quer dizer que Deus está na nossa consciência.[28]

Os vícios e a ligação do desejo

O vício pode ser considerado como buscando habitualmente algo exterior a si para saciar um desejo que existe interiormente. Joseph Bailey, autor de *The Serenity Principle*, diz que o vício fundamental de todo viciado é o pensamento.[29] Muitos psicólogos hoje reconhecem que os desejos do vício, independentemente de suas bases biológicas, são um substituto para as experiências transpessoais e além do eu. Temos uma inclinação natural para querer sentir uma conexão significativa com algo maior do que o nosso eu separado.

Uma pesquisa de 1998 sobre as atitudes dos adolescentes realizada pelo *New York Times* e pela CBS News descobriu que 39% da juventude do nosso país afirmava que o abuso de drogas era o maior problema de sua geração.[30] Carl Jung descreveu esse desejo de substâncias que viciam numa carta ao fundador dos Alcoólicos Anônimos, como "o equivalente, num nível inferior, da sede espiritual de nosso ser pela completude..." Ele explicou que o nosso conceito de completude era caracterizado como "união com Deus" na linguagem medieval.[31]

Jung reconheceu que a recuperação do vício era facilitada pela *experiência* religiosa, ou por algum tipo semelhante de "educação superior da mente além dos limites do mero racionalismo".[32] Eis uma razão por que os Alcoólicos Anônimos, com sua ênfase numa conexão com um poder além dos limites da mente separada, é tão bem-sucedido na recuperação de viciados.

Contudo, os alcoólicos e os viciados não são os únicos a ansiar por uma espiritualidade cheia de sentido em sua vida. Numa pesquisa de 1997 do Instituto Gallup sobre o que sentem os americanos quanto à morte, a maior parte das questões que era alvo de preocupação das pessoas era espiritual – não financeira nem relacionada com a realização pessoal.[33] Somente cerca de um terço das pessoas entrevistadas que esperavam consolo espiritual em seus dias finais achava que o clero lhe proporcionaria isso. E embora metade das pessoas considerasse a oração importante no fim da vida, ela temia que morresse sentindo-se apartada de um poder superior.

Os viciados em compras, comida, sexo e reformas da casa também podem ansiar por um sentimento de ligação, de sentido e de paz que as experiências transpessoais acarretam. O ensaísta Lewis Lapham sugeriu, no *Wall Street Journal*, que os americanos expressem seu anseio pela espiritualidade inefável na ferocidade de seus apetites. Para as pessoas que procuram saciar sua cobiça inominável e seus desejos sem fim com compras e com a aquisição de coisas, as "festas de consumo tornam-se rituais de comunhão".[34] O *best-seller Your Money or Your Life* nos diz, "O consumo parece o nosso paraíso favorito, o nosso vício nacionalmente sancionado, a forma exclusivamente americana de abuso de substâncias".[35]

Muitos de nós buscam experiências espirituais significativas, mas se sentem alienados pelos dogmas, pelas crenças, pelos rituais e pelas formas de religiões institucionalizadas. As pessoas acham que a oração – a experiência de uma relação com algo superior – é importante, mas não estão familiarizadas com ela.

A oração é um estado alterado da consciência

A oração é um estado alterado da consciência, porque nossa atenção não se concentra em nenhuma *coisa*, ação ou pensamento consciente. Nossa mente está quieta, nossa atenção, dirigida para dentro em vez de para fora – ou seja, um estado incomum de consciência. Carl Jung escreveu, "Na história do coletivo, como na história do individual, tudo depende do desenvolvimento da consciência".[36] O místico cristão Teilhard de Chardin sabia que "a evolução é uma ascensão para a consciência", fazendo eco ao que o seu contemporâneo, Sri Aurobindo, na Índia, disse: "Uma mudança da consciência é o fato fundamental da próxima transformação evolutiva... Uma evolução da consciência é o motivo central da existência terrestre."[37]

Todas essas grandes mentes acreditavam que uma parte da nossa missão como humanos é desenvolver e aprimorar a nossa consciência, e assumir o controle da nossa mente. Quando fizermos isso, começaremos a compreender que tudo o que experimentamos de um momento a outro depende muito de como escolhemos concentrar nossa atenção. Tudo o que podemos alcançar já é parte da nossa natureza essencial. A entrada na dimensão espiritual não é o nascimento de um novo ser, como Richard Bucke achava em 1901, mas um despertar para quem já somos.

A libertação do eu

Albert Einstein achava que era uma "ilusão de óptica de nossa consciência" o fato de nos sentirmos – nossos pensamentos e sentimentos – como separados uns dos outros. Ele dizia que essa ilusão ligava-se à nossa percepção equívoca do espaço e do tempo, e que nossa tarefa devia ser nos libertar da prisão de nossa ilusão de separatividade. Os filósofos de hoje estão por fim explorando os caminhos que levam para fora da prisão da nossa ilusão que Einstein reconhecia e sobre a qual escreveu: "O verdadeiro valor de um ser humano é determinado primeiramente pela medida e pelo sentido em que ele conseguiu a libertação do eu."[38]

Com um pensamento científico semelhante, o astrofísico *sir* Arthur Eddington disse que a nossa mente só parecia separada por causa dos "limites estreitos da nossa consciência particular..."[39] Mais recentemente, o físico David Bohm escreveu sobre a nossa "interligação quântica".

O místico cristão de meados do século XX e curador espiritual Joel Goldsmith escreveu mais de trinta livros sobre um estado de percepção que ele caracterizava como conexão com o infinito e chamava de "prática da presença". Ele dizia simplesmente que a oração é um estado de receptividade em que a verdade é compreendida sem o pensamento consciente. Sua definição não mencionava Deus, nem pedia nada de ninguém. Ele dizia que Deus não podia ser visto, entendido, compreendido ou explicado com o intelecto humano. Deus poderia ser *experimentado* como uma atividade na consciência, mas não por meio do pensamento nem do ato de se fazer algo. Ele ensinava que Deus só poderia ser discernido através de um "sentido espiritual". Ele enfatizava que "Na maioria dos casos, trata-se de um sentido *desenvolvido*, e devemos desenvolvê-lo *conscientemente*".[40]

Ora, desenvolver conscientemente um sentido espiritual, para experienciar uma atividade na nossa consciência, parece-se muito com a "evolução da consciência" a que se referem Chardin e Aurobindo. Assim, uma clara razão para alguém explorar a oração é desenvolver esse sentido intuitivo, a que não se tem acesso por via do intelecto nem dos sentidos.

Todos os mestres de sabedoria disseram que o compromisso com a evolução da consciência é um processo de auto-seleção. Eles também afirmam que a experiência do sofrimento pessoal gera a boa vontade. Nós costumamos considerar a oração quando esperamos desesperadamente superar uma doença, mas os curadores espirituais afirmam que a doença pode dar *início* a uma consciência do infinito; mas a meditação e a oração meditativa são instrumentos da consciência, quer você esteja sofrendo ou doente. Não temos de adoecer para melhorar. Tampouco temos de adotar os dogmas de alguma religião particular para ter espiritualidade na vida.

Você não precisa ser religioso

Outra razão que alguém poderia querer para rezar vem do médico e autor Herbert Benson, professor de medicina na Harvard Medical School e responsável pelo desenvolvimento da Reação de Relaxamento, que promove a saúde e acalma a mente, analisada no capítulo anterior. Depois de uma experiência de mais de 25 anos como pesquisador e médico, Benson concluiu que não somos apenas alimentados pelas experiências transpessoais, tais como a oração e a meditação, mas na verdade estamos "ligados em Deus". Ele explica em seu livro *Timeless Healing*:

> Os estudos... me persuadiram de que, por coincidência ou por lei divina, os humanos têm uma propensão universal e física para a fé. No nosso âmago, somos todos organismos conservados e alimentados pelas crenças e filosofias que afirmam a vida. Fomos designados para flexionar os músculos espirituais, mesmo que nossas orações sejam bem diferentes, mesmo que não as chamemos de orações.
>
> Em todo o mundo, pessoas têm feito orações e meditações que evocam a calma física... Não importa a confusão de nossas línguas, não importa a diferença de nossas culturas e crenças, nós partilhamos dons inatos – da cura física, da paz e às vezes da sensação da "presença de um poder ou força que parece próxima".[41]

Assim, poderíamos também querer "flexionar os músculos espirituais" para ter uma saúde melhor, mais paz e uma experiência de energia não acessível de outra forma; mas a quem eu rezaria, você pode perguntar, se eu não creio no homem de barbas brancas no céu – se não creio que haja *alguém* a quem rezar?

Quem é Deus?

Em resposta a essa pergunta eterna, o místico do século XI Santo Anselmo escreveu, "Deus é isso, o maior do que tudo o que não pode ser concebido". Para Espinoza e Einstein, Deus era um "princípio organizador do universo"; para Hegel, o "espírito absoluto"; para Martin Buber, o "Tu Eterno"; para Paul Tillich, a "Base do Nosso Ser" e a "Realidade Máxima". Para Santa Catarina de Siena, Deus era "Puro Amor". Deus era "A Luz Eterna" para Dante, "O Verbo de Energia" para São Bernardo, "O Uno" para Plotino, bem como o "Provedor da Verdadeira Vida" e "Sua Majestade" para Santa Teresa d'Ávila, bem como "Aquilo que É" para Santo Agostinho.

Grande Espírito, o Tao, o Bem-Amado, Ein Sof, Brahman, Mãe Divina, Eu Sou, Yahweh, Absoluto Infinito, Causa Primeira, Energia Vital, Fonte, Consciência Infinita ou até seu Eu Superior – você pode se relacionar com qualquer dessas idéias de Deus? Até aqui, você pode ser capaz de conceber Deus como o ilimitado, a mente não-localizada em que a nossa consciência está inserida.

É bom lembrar que Joel Goldsmith disse que Deus, ou a Verdade, estava além da compreensão, mas poderia ser percebido como uma atividade na consciência da pessoa. O estudioso do sânscrito Ernest Wood disse que Deus era uma boa palavra quando nos lembramos de que é uma palavra de descoberta, como um barco em que soltamos as velas para descobrir algo que ignoramos – uma palavra para dar uma direção à mente, em vez de uma definição.[42] Ou, como no título do livro do rabino David Cooper, *God Is a Verb* [Deus é Verbo]. No domínio da unidade e não-existência da união divina, o espírito dissipa todas as distinções. Como disse John Blofeld, numa dimensão "em que o espaço e a forma são transcendidos e estamos considerando uma fonte de beatitude invisível, onipresente, a diferença entre um ser e um estado do ser é obviamente difícil de definir".[43]

Controlados pelo hardware de Deus?

Benson concluiu que a crença em algo sem limites é natural ao homem. Toda cultura que ele estudou tinha práticas religiosas ou seculares que consistiam em dois passos básicos: (1) Um foco repetitivo ou estabilizador da atenção, e (2) uma atitude passiva para com pensamentos importunos. Em outras palavras, não resista aos pensamentos, não os julgue e não reaja a eles. Só fique relaxado e tome nota deles à medida que eles fluem na corrente da sua consciência.

Em todo o mundo, e em cada cultura, ambos os aspectos são parte de práticas que acalmam a mente – *e* transformam a consciência e promovem a cura. Benson deparou inúmeras descrições para esse estado de paz. Assim, você pode pensar na oração como algo que você faz com a sua mente que mantém a sua atenção concentrada sem pensamento, levando-o a conhecer a paz.

Em todos os anos que Benson passou ensinando as pessoas a acalmar a mente, ele descobriu que, concentrar a atenção em alguma "grandeza além do que não pode haver nada maior", independentemente de a pessoa acreditar em Deus *per se*, evocava a maior calma e cura possíveis. Concentrar-se em algum princípio essencial sem termo do universo, que inclui e ultrapassa a humanidade, era o modo mais eficaz para que seus pacientes acalmassem a mente.

Esse princípio essencial ilimitado que traz paz às pessoas faz lembrar as palavras de um autor medieval desconhecido que diz, "Deus pode ser amado mas não pensado". A *Course in Miracles* ensina que o amor é união, sem barreiras de separação, e o mestre vedanta Sri Nisargadatta dizia que o amor é a recusa a se separar.[44] Ramana Maharshi ensinava que só a experiência de não esquecer a consciência é o estado da devoção ou *bhakti*, que é a relação do verdadeiro amor que não cessa.[45]

Nisargadatta ensinava no seu livro iluminador *I Am That* que, para conhecer a Deus, ou ao Eu, a pessoa deveria "recusar todos os pensamentos exceto um: o pensamento 'Eu sou'. A mente se rebelará no começo, mas com paciência e perseverança se entregará. Quando você está calmo, as coisas acontecem espontânea e naturalmente, sem interferência da sua parte".[46]

Isso lembra muito as palavras da Bíblia, "Sê calmo, e toma consciência de que Eu sou Deus" e "Eu sou aquilo que sou" (Êxodo 3:16). De fato, muitos estudiosos da Bíblia crêem que Jesus conhecia a sabedoria vedanta. Muitos de seus ensinamentos são bem parecidos: "Antes que Abraão nascesse, Eu sou" (João 8:58). "Eu e meu pai somos um" (João 10:30). "O reino de Deus está dentro de vós" (Lucas 17:21). "Estou contigo para sempre..." (Mateus 28:20). O que se entende por "Eu sou o que sou" é que não existe nada fora da mente universal, quando ela não está sendo limitada pelos pensamentos de separação do ego. Portanto, Deus é puro, é a própria consciência não-diluída.

Advaita vedanta – a verdade do não-dois

A sabedoria vedanta deriva dos Vedas, os registros mais antigos da sabedoria asiática, remontando a pelo menos três mil e quinhentos anos e, posteriormente, canonizados pelos hindus. Em 1893, esses ensinamentos foram levados pela primeira vez para o Ocidente por Swami Vivekananda, o discípulo de Sri Ramakrishna. O vedanta se tornou conhecido a um círculo maior de ocidentais que viajou para a Índia na primeira metade do século XX para estudar com mais um santo respeitado, Sri Ramana Maharshi.

Advaita significa "não-dois", ou não-dual. A visão da realidade do advaita vedanta é que, exteriormente, só existe uma consciência infinita e que, na realidade, você e eu somos essa consciência; ela é o nosso verdadeiro eu. A compreensão vedanta é a experiência direta e imediata de que você não é nem o corpo nem a mente, mas uma consciência ilimitada. A felicidade, a paz, a alegria, o amor e certo sentido de expansão e liberdade são os subprodutos naturais dessas auto-revelações. Essas manifestações de uma vida espiritual são, obviamente, semelhantes às dos ensinamentos cristãos.

O vedanta ensina que não somos o nosso corpo, nem ele gera a nossa consciência. Em vez disso, somos aquilo que é *consciente* de formas e corpos. Somos consciência, e "Consciência e Existência são inseparáveis. A Existência é consciente, e a Percepção existe eternamente".[47] No vedanta, "existência" é mais um nome para Deus, e somos essa existência. O santo católico São Francisco partilhava pelo menos de uma idéia dos Vedas. Ao descrever a meta da busca espiritual, ele disse, "O que estamos procurando é quem está olhando". Se você já se perguntou se existe de fato, feche os olhos, volte sua atenção para dentro de si e pergunte a si mesmo, "Quem quer saber?"

A capacidade de perguntar "Quem quer saber?" como um modo de conhecer Deus é chamada de auto-investigação. Os mestres do vedanta dizem que todas as práticas religiosas para conhecer Deus são adiamentos, porque nenhum ritual nem atividade o levarão para mais perto do que você já está. A mestra Gangaji descreve a auto-investigação como "uma concentração intensa da atenção na *fonte* dessa atenção e da própria percepção".[48] O método é fechar os olhos e se concentrar na fonte da sua atenção, se perguntando, "Quem sou eu?"; pergunte também "Quem está consciente deste corpo? Quem está consciente dessas impressões sensoriais, imagens e pensamentos?"

Quem quer saber? – Conhecer Deus por meio da auto-investigação

Para realizar o processo de auto-investigação, você deve afastar sua atenção de quanto lhe seja exterior – de todo objeto, ou até de seu corpo. A meta é deixar que sua mente repouse na sua fonte. Outros métodos de meditação o ensinam a concentrar a imaginação em algo: um objeto, a respiração, o chakra ou centro de energia. Essa abordagem difere porque seu foco é o sujeito; o mediador é *você*. Ela também reconhece que você, o que pergunta, já é uma realidade existente neste momento, que nenhuma meta deve ser alcançada no futuro. "O fato de uma onda compreender que é parte do oceano não muda nada na totalidade... A consciência una e infinita existe do modo como ela é sempre."[49] Nós, como ondas, nunca estamos separados do oceano da consciência.

Uma segunda variante da auto-investigação é dirigir sua atenção para o sentido da condição do ser, ou o sentimento do "Eu sou". Para concentrar-se no sentimento da existência, uma pessoa é alertada a repetir interiormente, "Eu, eu, eu", e a tentar sentir intimamente de que parte do corpo esse som interior lhe chega. Ramana Maharshi sentiu que essa sensação interior de existência emanava de uma área acima do peito, cerca de dois dedos à direita do centro. Ele chamou isso de nosso centro espiritual do coração, mas disse que ele não tinha forma alguma, e que deveríamos manter nossa atenção no sentimento da condição do ser e não em algum lugar do corpo ou em qualquer outra parte.

Igor Kungurtsev, autor de *Advaitic Realization*, ensina que se nos sentarmos e dedicarmos nossa atenção e nosso amor ao "Eu sou" e à sensação do "Eu", e se deixarmos de lado todos os pensamentos de distração, as imagens e as sensações, o sentimento de nosso "Eu" separado e individual se dissolverá, e "a grande Existência informe se revelará".[50] E, de acordo com o vedanta, essa existência é a própria consciência.

O vedanta ensina que uma descoberta experimental da essência de alguém como consciência infinita está disponível de imediato a quantos buscam com sinceridade qualquer seita religiosa que persevere na busca da verdade. Ramana Maharshi tornou-se iluminado com dezessete anos por meio da auto-investigação. Ele não era exclusivamente hindu; não praticava nenhum ritual, e embora muitos de seus seguidores fossem cristãos e muçulmanos, ele nunca recomendou que mudassem de religião. Maharshi ensinava que o objetivo das escrituras religiosas era "fazer que um homem reconstitua seus passos até sua fonte original", uma idéia semelhante ao conceito cristão de "repousar em Deus".

Todas as grandes tradições espirituais do mundo falam dos clarões transitórios da grande introvisão ou iluminação que se dá inesperadamente e depois passa, deixando a quem a teve a certeza de que o estado de consciência comum é muito limitado e enganador. As religiões do mundo descrevem métodos para lograr e conservar um estado alterado de consciência expandida. Elas descrevem os objetivos de expandir e estabilizar esses estados transcendentes, e têm nomes para eles – salvação, *samadhi*, libertação, iluminação, Reino de Deus, divinização, autocompreensão, *wu* e *mukti* – tudo se referindo ao despertar, à liberdade e à libertação na consciência máxima.

Esses estados alterados transformam a vida, física, mental, emocional e comportamentalmente. Melhoram a saúde e aguçam as percepções e o entendimento. Compreendemos com certeza a nossa ligação essencial com toda a vida no nível da consciência. Por meio desse conhecimento profundo, de que não estamos separados, a vida assume novo sentido, e nos tornamos mais tranqüilos, felizes e piedosos. Os objetivos na vida mudam. Procuramos aprimorar mais a nossa capacidade para ter acesso a esse estado de consciência de amor e energia, e formamos um desejo de ajudar os outros a aprender a fazer o mesmo.

A oração está disponível para que possamos expandir a nossa consciência. Nesse universo da mente não-localizada, quando algo muda, tudo muda. Nosso poder está em mudarmos – em mudar a nossa mente – e, ao fazer isso, elevar a consciência do mundo.

Todos lemos ou já ouvimos que os seres que despertaram são muito raros no mundo. Isso pode ter sido verdade no passado, mas se continua a ser verdadeiro no presente e continuará a ser no futuro, isso cabe a nós. A luz da consciência pura está disponível para iluminar a mente serena. No capítulo seguinte, nos ocuparemos da pergunta, "Onde está a atenção a que você chama de sua vida?"

CAPÍTULO

7 O coração da mente

Os primeiros passos essenciais rumo à gratidão e ao perdão

Somos o fogo do dragão. A chama criativa, cintilante, incandescente, de cura, do universo assombroso e encantador.

— Brian Swimme
The Universe Is a Green Dragon

Quando nos perguntavam o que queríamos ser quando crescêssemos, as pessoas queriam dizer "O que você quer *fazer*?" Independentemente do que pudéssemos escolher, isso não era o mesmo que escolher o que ou como *ser*. "Que a beleza do que você ama seja o que você faz", o místico sufi Rumi disse no século XIII. Seja a beleza, como artistas pintando as telas de sua vida. Seja amor.

Mas como? No mundo de hoje, a maioria das pessoas compreensivelmente procura suas ocupações para se definir. Sem encontrar nenhuma espiritualidade significativa, elas supõem que seu trabalho desempenhará adequadamente o papel tradicional da religião, como uma ajuda para responder a perguntas do tipo "Quem sou eu?" e "Por que estou aqui?"

Todos queremos ter vidas felizes, realizadas e cheias de sentido. Esses objetivos são universais, ainda que coisas muito diferentes sejam a causa de felicidade, dependendo das pessoas. Para algumas, chega-se à realização quando se constitui uma família, quando se ganha dinheiro ou se pratica esporte; para outras, a felicidade pode estar no escrever, no cozinhar ou na expressão artística. E todos queremos ser amados.

As tradições de sabedoria do Oriente ensinam que, pelo fato de nossos pensamentos, sentimentos e desejos estarem em contínua mudança, nunca alcançamos a felicidade ou a paz de espírito duradouras por meio de objetos, relações ou de tudo o mais fora de nós mesmos. As coisas se desgastam, se perdem, saem da moda ou se quebram. A pessoa do nosso relacionamento perfeito não veio a ser quem julgávamos que fosse. E então *nós* não nos transformamos em quem acreditávamos nos tornar. Cada um de nós é uma série contínua de acontecimentos mutáveis, interpretada por meio de nossas perspectivas subjetivas cheias de esperança, ou por meio das perspectivas dos outros. Simplesmente não encontraremos o sentido máximo da vida numa outra pessoa também sempre mutável.

Nossa mente está sempre vagueando, reagindo ao comportamento e às palavras dos outros, está sempre tomada por pensamentos e lembranças que nos percorrem a consciência. Assim, é inútil buscar a felicidade duradoura por meio do pensamento, ou mesmo dos prazeres sensuais. O que nos atrai hoje deixa de nos satisfazer amanhã; no entanto, continuamos a pensar que a serenidade vem de algo que fazemos ou que temos, em vez do modo como somos.

De fato, estamos buscando um estado relativamente satisfatório e constante da mente, livre de desejos ou medos. As filosofias orientais chamam de "beatitude" o sentimento interior de calma duradoura e de alegria sem causa, resultantes da união com Deus. Elas distinguem a beatitude dos conceitos de prazer e felicidade das sociedades ocidentais – sentimentos flutuantes que se concentram em sensações físicas temporárias, adquirindo *coisas* ou mudando as circunstâncias para nos satisfazer os desejos.

De acordo com o pensamento oriental, a razão por que nos sentimos bem depois de comprar um carro novo, ou de comer um chocolate delicioso, ou mesmo de fazer sexo bem, é que nossos desejos e cobiças silenciam temporariamente. Confundimos esse prazer momentâneo com a liberdade e a paz de espírito, e ansiamos por mais objetos, experiências ou realizações que fixem o nosso anseio interior por completude. Buscamos a segurança, a posição, o prazer e o conforto quando deveríamos estar buscando a verdade.

Essa busca interior, instintiva – a busca de Deus – é inata a todos. As filosofias orientais ensinam que nunca ficaremos satisfeitos enquanto não nos aquietarmos – enquanto não pararmos de nos mover, fazer, pensar, reformar e atentar para nossas sensações exteriores, e começarmos a ouvir interiormente. Um projeto divino está se desdobrando, e, quando a nossa alma estiver pronta, participaremos dele.

Durante séculos, a Bíblia apresentou sua mensagem de que a religião é uma experiência na consciência. Infelizmente, as pessoas decoram suas orações e promessas em vez de buscar essa experiência. Nesta vida, temos a oportunidade de criar conscientemente um estado de recepção na nossa mente para comungar com a consciência infinita. Fazer parte ou não de uma igreja ou religião, e realizar ou não rituais espirituais, têm pouco que ver com a relação que temos com Deus ou com a consciência espiritual. Embora a mente humana crie o desejo e então o satisfaça, as tradições da sabedoria nos dizem que o nosso profundo anseio de verdade e liberdade é o nosso anseio da alma quanto a ter a experiência de suas profundezas sem termo. O fluxo da consciência que cada um de nós chama de "minha vida" é a jornada universal da consciência infinita ou Deus, que desperta para si mesmo. É essa consciência que informa e anima cada um de nós.

A consciência que descobre a si mesma, por meio de você e de mim – o que poderia significar? O mestre espiritual Yogananda disse que, pelo fato de o motivo máximo para os atos das pessoas ser a obtenção da felicidade ou da beatitude, nossa própria existência está atrelada a essa meta inata. Esse motivo fundamental e universal pode ser visto como a nossa verdadeira religião, ou "aquilo que nos liga", o que é o sentido original da palavra religião, do latim *religare*. Segue-se que todas as *ações* de que nos valemos para satisfazer o nosso desejo de felicidade e paz podem ser chamadas de "religiosas", quer tenham ou não que ver com as crenças ou sistemas de crença das religiões organizadas.[1] Tudo o que você faça para ter paz, sentimento de ligação e sentido é a sua religião.

Você pode ou não sentir-se limitado por crenças religiosas no presente. Pode já ter afirmado que a verdade baseada na experiência direta de um indivíduo terá dificuldade para sobreviver em qualquer organização religiosa. As organizações são dirigidas por pessoas, e pessoas com experiências e crenças diferentes terão idéias conflitantes acerca da verdade e das revelações dos outros.

Cada um de nós deve descobrir por si mesmo a sua religião. Este livro versa sobre a experiência transcendente que está disponível a todos, a experiência que os mestres espirituais em toda a história têm tentado descrever. Essa experiência transforma as percepções de vida das pessoas tão profundamente, que as religiões organizadas elaboram conjuntos de regras que elas acham que levarão os outros à mesma experiência. Se você leu este livro até aqui, provavelmente é um buscador que suspeita que a transformação espiritual é *possível*, mas que pode espantar-se com os dogmas e rituais que depara no culto religioso.

Você *pode* ter uma vida espiritual sem ter de ir a parte alguma, nem ter de acreditar em alguma coisa. Contudo, você tem de "chegar a Deus", e prestar atenção, assim como faz quando quer criar um relacionamento com outra pessoa. É simples, mas requer prática e paciência.

Nós nos criamos segundo o modo como dispensamos nossa atenção

Tudo o que experimentamos na nossa vida depende da nossa percepção consciente. Pense nisso. Se você quiser conhecer algo diferente, tem de concentrar sua atenção em algo diferente. A maioria das pessoas faz uma viagem, compra um brinquedo novo ou busca um novo parceiro para desviar a atenção.

A paz e a felicidade duradouras, ou a "beatitude" que abrange tudo, são uma condição interior, de modo que não podem ser adquiridas por meio de objetos nem de circunstâncias exteriores a nós. Trata-se de um estado da mente em repouso – não perturbada por pensamentos, produtos da imaginação, desejos ou medos. Para a mente tranqüila, as ondas agitadas do pensamento vêm e se vão, mas nossa atenção continua impassível. Na nossa mente se acha uma percepção ampla e plena. Depois de conhecida, essa quietude interior da atenção sem esforço *transforma* a mente. Começamos a perceber tudo de outra forma.

As experiências repetidas dessa quietude, de acordo com vários mestres espirituais, trazem um maior bem-estar físico e mental, pensamentos claros e introvisões, alegrias espontâneas e sentimentos amáveis sem causa particular. Você talvez tenha ouvido falar que a qualidade da sua atenção é o maior presente que você pode dar a alguém. A qualidade da nossa atenção pura é também o maior presente que podemos dar ao nosso *verdadeiro* eu – a parte que nunca muda.

Por meio da experiência transformadora, a consciência da pessoa se expande a ponto de incluir um sentido surpreendente de ligação com os outros – um estado do ser que as pessoas descrevem como de amor intenso, mas por ninguém em particular. Esse amor parece intemporal, sem relação com as aparências. Cada momento de amor se expande para se tornar um *agora* intemporal sem duração. Essa experiência de unidade com essa consciência é o sentimento de ser amado e de *ser amor* concomitantemente. Isso é que é tão transformador.

Experiências repetidas com essa consciência também podem aguçar as capacidades mediúnicas que analisamos antes, mas esse não é o objetivo de buscar a experiência. A experiência direta da consciência ligada aos outros é muito mais intensa e instigante. A transformação espiritual da consciência que passa da separação à unidade é o desenvolvimento da sabedoria.

Essa sabedoria é lograda quando se permite à mente de alguém que faça algo que foi chamado de uma variedade de coisas por várias tradições: deixar que sua mente "repouse em sua fonte", ou "aceitar a presença do Espírito Santo", "unir-se a Deus ou repousar nele", "entrar no vazio", ou simplesmente "alcançar o *satori*". Em cada conceito, algum aspecto espiritual de nós se une a uma consciência maior do que a nossa mente separada. Uma força intensa é gerada quando voltamos nossa atenção para dentro e conservamos esse estado. Isso cria uma experiência transcendente, que promove a sabedoria ou até a iluminação.

Todas as formas de fé ensinam que você não pode ver a consciência transformada numa pessoa só por olhar; ela só se manifesta no modo de ser dessa pessoa – na gentileza, na alegria espontânea, na generosidade e na tranqüilidade interior no meio da confusão. Essas pessoas levam sua vida conscientes de nossa consciência interligada. Essa consciência lhes permite partilhar sem esforço da felicidade alheia e aquilatar as boas ações dos outros.

Essas formas de ser partilham um *entendimento* que advém de uma *experiência direta* das pessoas de uma dimensão da vida que vai além da humanidade comum. A experiência da unidade transforma a consciência humana de um modo como as normas religiosas codificadas de conduta não podem fazer. As ações de uma pessoa advêm de certo sentido de amor e doação, em vez das estratégias humanas mais comuns de defesa, competição e aquisição.

A mestra budista Sylvia Boorstein diz que a piedade é a resposta natural do coração quando desprovida da suposição enganosa de que estamos separados uns dos outros.[2] Ela escreve que os textos tradicionais descrevem a piedade como "a palpitação do coração" em ressonância ou coerência com os sentimentos de alguém mais. Trata-se de um *sentimento* de unidade, não apenas de uma idéia de como devemos nos sentir. Essa palpitação é sutil, e requer a calma da mente.

Jesus conferiu significado *espiritual* a apenas dois mandamentos quando perguntado, "Mestre, qual *é* o grande mandamento na lei?" (Mateus 22:36). A compaixão era um deles: "Amarás a teu próximo como a ti mesmo" (Mateus 22:37-38). Ele comparou esse mandamento ao que ele disse que era o seu primeiro e maior mandamento: "Amarás o Senhor teu Deus com todo o teu coração e com toda a tua alma e com toda a tua *mente*. Desses dois mandamentos dependem *toda* a lei e os profetas" (Mateus 22:38-40; Marcos 12:30-31). Nossa mente inclui a nossa atenção, decerto, e o amor envolve a união, ou derrubar as barreiras psicológicas da separação. Assim, unir conscientemente "a mente a Deus" pode envolver amar a Deus com toda a mente. E sabemos que isso ocorre no silêncio: "Fica em silêncio, e toma consciência de que eu sou Deus" (Salmo 46:10).

Em nenhum lugar Jesus disse que era necessário ir à igreja ou acreditar nas histórias da Bíblia para que a pessoa conhecesse Deus; mas Ele esclareceu sobre o modo como saberíamos se alguém entendeu Seus ensinamentos: "Por isto todos os homens saberão que sois meus discípulos, se tiverdes amor uns pelos outros" (João 13:35).

Para unir a mente a Deus, ou à consciência ilimitada, é necessário esvaziar a mente das idéias concentradas em si mesmas, deixar que a mente se encha da dimensão da consciência que transcende o pensamento humano. Historicamente, deixar que a mente se harmonize com a fonte ativa da consciência ou com a energia vital é o que se tem chamado de oração; o que fazemos na preparação silenciosa para essa união é o que conhecemos como meditação. Enquanto as orações estão cheias de palavras, pensamentos, esperanças, medos, súplicas e sugestões, ou de esquemas para Deus seguir, estamos de fato rezando para a *nossa própria* mente, não para a mente infinita. Essas orações de pedidos e intercessão também podem ser eficazes, mas uma mente receptiva é necessária para apreender a consciência transcendente, porque a oração é uma forma de sair do ego humano para realizar a mudança.

Formas de atenção, formas de realidade

Voltar a nossa atenção para a mente de Deus ou unir nossa mente à dele é uma forma de pôr em prática o que o psicólogo Mihaly Csikszentmihaly queria dizer quando afirmou que nossa atenção é nosso instrumento mais importante para melhorar a qualidade de nossa experiência de vida. "Criamos a nós mesmos segundo o modo como investimos a energia de nossa atenção", ele escreveu. Criamos nossas experiências vitais e a nós mesmos por meio do que observamos e daquilo a que prestamos atenção. Ele também disse que *realidades de todo diferentes aflorarão, a depender de como empreguemos nossa atenção.* Quando concentramos a energia de nossa *intenção* em harmonizar nossa mente separada com a consciência infinita, transformamos nossa mente individual e recriamos a nós mesmos.

Durante milênios, os mestres espirituais afirmaram que a raiz de todo sofrimento é a crença de que estamos separados uns dos outros, bem como da fonte de nossa consciência. O mestre vedanta Sri Nisargadatta enfatiza:

> Para saber quem você é, você deve primeiro investigar e saber o que você não é.
>
> Descubra tudo o que você não é – corpo, sentimentos, pensamentos, tempo, espaço, isso ou aquilo – nada... que você perceba pode ser você. O próprio ato de perceber mostra que você não é o que você percebe.[3]

O coração da mente

Na transformação da consciência que o místico católico Teilhard de Chardin e o líder espiritual indiano Aurobindo descreveram como nossa determinação evolutiva no Capítulo 6, a consciência de uma pessoa se expande para além de sua mente separada a fim de abarcar uma ligação e uma unidade com a consciência infinita. Essa é a experiência do coração da mente.

Essa experiência da consciência da unidade pode ser acompanhada de sensações fisiológicas próximas à sensação do coração pleno de amor; mas decidir conscientemente pôr um fim ao sofrimento pessoal e ajudar os outros a passar por essa transformação é a maior alegria, segundo a mestra vedanta Gangaji:

> Se você cessa a fixação mental nos problemas pessoais, o despertar do Eu para Si mesmo é atendido. Sua vida é então naturalmente usada para acelerar o despertar de todo ser. O serviço para o despertar é a maior felicidade possível.[4]

O reconhecimento de que somos seres espirituais interligados à consciência é o "amor". Ele é universal, sem causa, sem objeto nem coisas por fazer de ordem pessoal. Nisargadatta Maharaj falava dessa interligação quando disse que o amor é a capacidade de entrar em outros pontos focais da consciência. A experiência direta de que todos estamos ligados e somos parte de Deus foi chamada de "autocompreensão" ou "despertar" em várias tradições asiáticas, e mencionada como "conversão" ou ser pleno da "Consciência de Cristo" nas tradições cristãs. Nenhuma senda espiritual determinada detém o monopólio da unidade com Deus e com todos os demais.

Renunciar a quê?

Renúncia significa deixar de lado a sensação humana de isolamento e separação. A renúncia não significa "ceder"; significa estar disposto "a ver de maneira diferente", além das máscaras de sofrimento que vestimos. A renúncia é um ato de humildade, em que substituímos nossa necessidade de controlar as coisas por uma força maior do que nós. Significa desistir do controle, *não* do cuidado; significa desistir da agressão, da proteção, das justificativas e das defesas que advêm da perspectiva limitada da pessoa.

Renúncia significa acabar com a atividade da mente inquieta, que reage, que julga, a fim de aceitar um espaço aberto e tranqüilo na consciência. Significa se desapegar do desejo de resultados determinados. Significa escolher a paz interior como meta em vez do estar certo, e significa dirigir conscientemente a energia para resolver o conflito em vez de continuar a luta.

Renúncia é libertação, mas ela não traz a libertação *de* uma pessoa individual – ela traz a libertação quanto ao sentido de isolamento individual. Ela põe em ordem a mente e cria uma quietude interior expansiva, não limitada pelo medo nem pelas defesas. Ela liberta uma pessoa para que aja em função de um estado natural de amor, em vez de em função da autoproteção. A consciência espiritual não funciona *para* nós – funciona *em* nós e *através* de nós, e transforma a mente humana aberta. Essa renúncia é também a verdade de quem somos – uma aceitação da nossa interdependência.

Assim, como faço a minha mente pensar?

O modo mais eficaz de dirigir nossa atenção para mudar nossa experiência de vida é deixar que ela se acalme, para que se esvazie de todos os pensamentos... Para experimentarmos o coração da mente e termos acesso ao seu estado transcendente de bem-estar, devemos primeiro compreender que podemos controlar os pensamentos, em vez de sermos controlados inconscientemente *por* eles. Assim, uma pessoa deve saber que vale a pena aguçar sua consciência. Por fim, uma pessoa deve desejar profundamente uma nova maneira de ser — uma transformação da percepção.

Muitos livros e mestres de uma série de tradições espirituais oferecem métodos sobre como lidar com a nossa mente ou como praticar determinadas religiões. No capítulo anterior, analisamos diversas abordagens espirituais que julgamos úteis, inclusive a Oração de Concentração, a meditação budista e a Auto-Investigação, e arrolamos na bibliografia fontes que nos inspiraram. Além disso, temos em alta conta dois clássicos que dão lições claras e eficazes para a transformação da vida por meio da mudança de atitudes e pensamentos: *Love Is Letting Go of Fear* do dr. Gerald Jampolsky e *Change Your Mind, Change Your Life* de Jampolsky e de sua mulher Diane Cirincione.[5] Esses livros dão instruções claras sobre como "escolher a paz em vez de procurar estar certo". O autor Hugh Prather escreveu no prefácio a *Love is Letting Go of Fear*, "Deve haver outra forma de passar pela vida além de ser arrastado por ela aos berros e pontapés". Os livros de Jampolsky descrevem essa outra forma.

As diretrizes oferecidas nesses livros para mudar as percepções e escolher o que queremos experimentar foram chamadas de "Cura das Atitudes", porque ensinam como deixar de lado o impulso de julgar, condenar e controlar os outros, como adotar a paz de espírito como meta de vida e como abrir nosso coração para nos sentirmos íntegros e amorosos de novo.

Escolher a paz como meta por meio do perdão

Os livros de Jampolsky se baseiam nas lições de *A Course in Miracles*, um curso para estudo individual da psicoterapia espiritual que ensina como transpor os obstáculos para ter paz na vida.[6] Os livros descrevem como transformar o medo, a raiva, a culpa e os julgamentos em oportunidades para a transformação. Por meio desse processo, a dificuldade nos relacionamentos com as pessoas de quem não gostamos torna-se uma oportunidade para o aprendizado, em vez de controvérsia contínua. A primeira das lições é que, quando alguém escolhe a concentração de paz como meta principal, o método para chegar a esse objetivo é o *perdão*. Além de mudarmos o modo de pensar e de reagir, Jampolsky e Cirincione enfatizam a importância de acalmar a mente e seguir a orientação espiritual como conteúdos essenciais de seu programa para achar a paz.

O perdão não significa concluir que o que alguém faz está certo. Ele nada tem a ver com justiça, com dar justificativas ou com se desculpar. Em poucas palavras, *A Course in Miracles* diz que o perdão é anular a decisão de culpar. O objetivo do perdão é libertar a mente, de modo a não deixar que o comportamento *passado* de alguém controle a sua experiência *presente*. O perdão significa desatrelar nossa atenção do passado, sustar nossa projeção de experiências passadas dolorosas sobre nosso futuro, deixar de perturbar nossa mente com juízos e críticas sobre as pessoas e manter a nossa consciência no presente.

O perdão nos permite agir em vez de reagir; ele purifica o nosso centro de interesse de modo que possamos sentir a paz no presente. Este é de fato o único lugar em que a paz pode ser sentida... Assim, para termos mais paz na vida, precisamos expandir a nossa consciência da sucessão de momentos presentes a que chamamos vida.

O perdão é um antídoto para o que o psicólogo Csikszentmihaly chama de "Distúrbio Psíquico". O distúrbio psíquico ocorre quando a nossa atenção se distrai em função de informações que entram em conflito com as nossas intenções. O distúrbio psíquico nos vem na forma de sofrimento, de medo, de ressentimento, de angústia ou de ciúme. O distúrbio psíquico em curso cria a perturbação e a depressão, de modo que cada um de nós tem de prestar atenção aos conteúdos da nossa mente; precisamos parar de buscar justificativa para o nosso sofrimento mental na ação alheia.

O distúrbio psíquico se relaciona com o que Jampolsky e Cirincione chamam de "a mente cindida". Nossa capacidade de perdoar nos cura a cisão da mente. Ela é o ingrediente mágico que faz com que desistamos das batalhas pessoais que travamos por dentro. Quando nossas batalhas terminam, nossa vida não está mais limitada ao pessoal – ela se volta para a paz e a reconciliação no mundo.

O perdão liberta a nossa atenção e nos ajuda a *estar presentes* agora, que é onde *toda* a nossa experiência de fato ocorre. *A Course in Miracles* diz que o perdão rompe o ciclo do tempo deixando para trás o passado. Assim, o Dalai Lama sugere que, levar o ódio no coração, faz de nós o que nossos inimigos são. Nesse sentido, o perdão nos resguarda de ser sobrepujados pelo ódio. É uma forma de desarmamento e libertação interiores.

O perdão é também um instrumento importante para a transcendência, porque ele nos permite criar condições em nossa mente para receber a Deus. Ele abre caminho para a comunhão sem peias com a consciência infinita, porque é mais fácil purificar a mente de pensamentos contumazes quando antigos ressentimentos e aborrecimentos não estão passando pelo fluxo de sua consciência. Quando uma pessoa conclui que a mente serena de paz interior é a meta mais importante, segue-se logo o perdão. E ele é a maior dádiva que você dá a si mesmo.

Outras lições de *A Course in Miracles* nos livros de Jampolsky e de Cirincione são que, em termos de consciência, só há duas formas de comunicação: as expressões de amor ou união das mentes, e a expressão do medo, que cria a separação da mente. As expressões do *medo*, que podem ter a aparência de raiva, culpa, revolta, ciúme e ressentimento, na verdade são *solicitações de amor e união*. Na falta do medo, nossas mentes estão naturalmente unidas numa consciência de unidade chamada amor. Quando você percebe os ataques dos outros como solicitações de amor, é muito mais fácil não devolver o ataque – escolher a paz e a transformação da sua consciência como objetivo, em vez de querer ter razão.

Sem necessidade, não há ação

O desejo de verdade e de transformação espiritual deve durar além das flutuações diárias do humor. Os mestres de sabedoria repetiram em toda a história que somos os veículos da transformação da consciência pessoal e global. Eles continuam a nos convidar para que afirmemos o nosso privilégio, poder e responsabilidade como co-autores do universo; mas temos de sentir que a transformação é necessária, porque, como Yogananda ensinou, "sem necessidade não há ação". O mundo realmente não precisa de novos ensinamentos; precisa de experiência nova. Os privilegiados o bastante para estar isentos de aborrecimentos sobre nossa sobrevivência imediata e segurança têm a chance de viver sua vida a partir da pergunta, "Como posso ser usado?"; não temos de saber como – podemos viver a nossa vida descobrindo como, começando com a intenção de ser úteis.

A autora e mentora espiritual Marianne Williamson declara que cada um de nós é chamado para tomar uma decisão consciente sobre seu estilo de vida: "Nossa vida ou é um contínuo combustível para o *status quo*", ela escreve, "que é uma ordem massacrante, notadamente materialista, ou nossas energias vitais são parteiras na sala de parto dos eus superiores que tentam nascer na nossa espécie".[7]

Rezar, segundo Williamson, é reconhecer que temos a capacidade de usar as leis da consciência. Admitir passivamente que a vontade de Deus é feita não é o mesmo que *escolher* realizar a verdade de Deus neste planeta. Ela diz que a verdade de Deus está por trás de um véu, e que com a oração tecemos de novo o tecido do universo. "A oração é voltar à vontade de Deus a fim de que ela se expresse na nossa vida", ela escreve.[8] Williamson defende todos os tipos de oração, mas reitera que a forma superior da oração não é um pedido mas simplesmente a consciência de ser uno com Deus. O problema não é como rezar; o problema é se de fato nós rezamos.

Nossa autopercepção determina o nosso comportamento

Se escolhemos ou não reconhecer o nosso potencial, e aquilo em que escolhemos pôr a nossa atenção são aspectos do livre-arbítrio. *A Course in Miracles* nos lembra de que nosso comportamento é determinado pela nossa autopercepção. O que escolhemos fazer baseia-se em quem pensamos que somos. Você talvez antes tenha pensado que você era só um corpo, tendo vida por algum tempo. Nesse caso, a atenção da sua vida pode ter sido dirigida primeiramente para o corpo e as coisas.

Nosso objetivo ao escrever este livro é apresentar a idéia de que somos seres espiritualizados tendo um corpo por algum tempo, e que a expansão de nossa consciência e a transformação dela são possíveis. É claro que essas não são idéias novas; só tentamos apresentá-las claramente, um tanto livres de conteúdo doutrinário. Nossa mente aparentemente separada está de fato mergulhada num oceano de consciência infinita, sem limites de espaço e tempo. Nossa mente é transformadora da consciência espiritual, expressando-se por meio de nosso fluxo mental individual.

A consciência espiritual nunca se revela como poder sobre os outros. Revela-se como *serviço para* os outros. Sua natureza transformadora se revela por meio das *qualidades* das pessoas, ou de suas *maneiras de ser*, mais do que *pelo que* elas fazem, ou de quais capacidades psíquicas demonstram. Cada um de nós pode escolher desenvolver essas qualidades em nós e expandir nossa percepção e potencial abrindo conscientemente nossos canais mentais à verdade, ou o que Einstein chamou de "o Princípio Organizador do Universo". Não importa se concebamos o princípio como Pai ou Mãe Divinos, nem como Grande Espírito, Amor, Brahman ou Mente Não-localizada. Podemos abrir nossa percepção para ela, e sentir-lhe a atividade na nossa consciência. Como diz Sylvia Boorstein, "O despertar não é sectário".[9]

O reino de Deus ainda está dentro

Estamos todos conscientes de como os líderes e instituições religiosas em toda a história usaram o conceito de que "Deus está do *nosso* lado" para a difusão do medo e da condenação, da tirania política e do genocídio. Apesar dessa história traiçoeira, amiúde em nome de religiões organizadas, cada um de nós é capaz de conseguir uma ligação íntima com a consciência infinita, e ativar nossa capacidade inata de trazer a luz ao mundo. *Podemos* conhecer Deus sem acreditar em nada.

Jesus revelou a forma de conhecer Deus ao dizer, "O Reino de Deus não vem com a observação: eles não dirão, lá está! ou olha ali! O Reino de Deus está dentro de vós" (Lucas 17:20-21). Não precisamos de templos, igrejas, doutrinas, montanhas, orações nem de mestres sagrados. Moisés, Elias, Isaías, Patanjali, Shankara, Jesus, João, Buda, Lao Tsé, Ramakrishna, Ramana Maharshi, Krishnamurti, Sai Baba, Madre Teresa e inúmeros outros sempre nos disseram que sua verdade viera de sua experiência. A função dos mestres espirituais é servir de exemplos para os que ainda não compreenderam sua real identidade. Eles nos dizem que a verdade se revela por si, por meio de faculdades inerentes à nossa consciência, não por meio de seres humanos através de palavras e pensamentos.

Como Gangaji escreve, "Quando digo confie no seu Eu, quero dizer confie na verdade de quem você é. Para que essa confiança seja completa, você primeiro deve descobrir quem é. Você não pode esperar mais, e não pode contar com a interpretação de mais ninguém – com a minha, a dos seus pais ou a do seu governo. Você tem de descobrir diretamente quem você é".[10]

Muitas pessoas começam a busca espiritual para achar a felicidade pessoal ou para pôr um fim ao sofrimento. Sua busca advém de um desejo de aprimoramento pessoal, ou de adquirir algo, tal como saúde ou iluminação. De fato, a iluminação é a compreensão de que ninguém está separado dos outros. E se a iluminação é libertação da sensação de estar separado, a verdadeira oração está além das palavras ou dos pensamentos; trata-se do anseio pelo despertar espiritual para todos. A preocupação com o ganho pessoal torna-se uma disponibilidade para ser um instrumento de ajuda quanto a fazer que o mundo ascenda à consciência superior.

Quanto ao fato de a pessoa poder ser importante aqui, deveríamos lembrar que Moisés, Buda e Jesus se saíram muito bem. E Joel Goldsmith ensinava que a maioria das pessoas que lograram certo grau de estatura espiritual foram conhecidas antes de se tornarem iluminadas. Só a inspiração que eles conheceram, e o amor que expressavam, é que fizeram deles mais do que pessoas sem importância para nós.

Quanto ao modo como ter a experiência de Deus, Madre Teresa deixou um mapa. Ela disse:

> O Fruto do Silêncio é a Oração;
> [*Primeiro vem o silêncio*, que leva a uma experiência da unidade];
> O Fruto da Oração é a Fé;
> [A fé é um conhecimento, derivado da experiência];
> O Fruto da Fé é o Amor;
> [A experiência direta da consciência da unidade traz o conhecimento de que estamos ligados];
> O Fruto do Amor é o Serviço;
> [A doação vem do entendimento de que não estamos separados; o Amor se expande através de nós];
> O Fruto do Serviço é a Paz.
> [O mundo muda conforme mudamos.]

A gratidão é a troca de marcha

Então a transformação ocorre para deter nossos pensamentos precipitados? E quanto às nossas boas idéias? Para detê-las também? Como, quando passamos toda a nossa vida a cultivá-las? A mudança de marcha que usamos para diminuir a velocidade de nossa mente é a gratidão, que abafa a tagarelice mental com pensamentos de estima.

Um pensamento de gratidão muda tudo. Até a menor forma de gratidão pela coisa mais trivial estanca o sofrimento interior. O medo e a raiva mais intensos são transformados quando se concentra a atenção em lembranças do coração em vez de em lembranças da mente.

Quando você fica tão estressado que não pode se afastar de pensamentos agitados, você pode dizer para si mesmo, "Eu escolho a paz em vez disso. Entrego o meu sofrimento, desapego-me da minha história. Ponho um fim à guerra interior". Tente lembrar uma sensação agradável que teve no passado: um sabor delicioso ou uma bela visão, uma canção adorável ou um cheiro aprazível. Então, lembre uma experiência de alegria, de beleza e de amor.

Lembrar o amor é recordar um estado de unidade, reconhecer um estado de consciência sem separação. Nossa atenção torna-se coerente e organizada, sem nenhum distúrbio psíquico. A autoconsciência desaparece quando amamos; nosso sentido de tempo torna-se um eterno agora sem duração. O amor é intrinsecamente motivado, porque não estamos preocupados com antecipar os nossos interesses. Ele é a nossa meta.

O amor sem objeto – ser amor – é o fluxo seminal e transcendente que Csikszentmihaly descreveu como determinando a qualidade da nossa mente. No fluxo, as experiências, a ação e a consciência se fundem; as pessoas param de ter consciência de si mesmas como separadas das ações que estão realizando. Todas as atividades do fluxo – o sexo, o esporte, a yoga, as artes marciais, a música e as artes criativas – derivam da atenção amável. Lembrando o amor, sentimos nossa verdadeira natureza como consciência não diluída, e revelamos a nós mesmos o nosso poder de mudar a nossa mente e de mudar a nossa vida.

O objetivo deste livro é demonstrar que nossa mente está unida. Como tal, qualquer transformação pessoal pode ter efeitos globais. Apenas uma pessoa sentindo a paz verdadeira por um momento afirma o nosso potencial humano para a transformação. Uma consciência de unidade dentro de qualquer pessoa se irradia a todos. Deus penetra o mundo por meio da consciência de todos.

Nosso apelo aos adeptos da ciência quanto a considerarem que a oração faz sentido pode parecer radical mas, como a mentora espiritual Marianne Williamson declara, tudo aquilo a que falte mudança radical é uma resposta insuficiente para o desafio de nossa época. Tentemos algo diferente. Tentemos ficar imóveis. Lembremos que não é só o que fazemos, mas também o que deixamos de fazer que importa. Em vez de lamentar o passado e de temer o futuro, acolhamos o presente. Junto com tudo o mais que estamos fazendo para salvar o mundo, não façamos *nada*.

O processo de paz começa na nossa mente. "Sem paz interior, a paz no mundo é um desejo vazio", escreveu Paul Ferrini. "Como o amor, a paz é ampliada. Ela não pode ser levada do mundo para o coração. Ela deve ser levada de um coração a outro e, assim, a toda a humanidade."[11]

Essa é a natureza e o método da nossa oportunidade humana. Nós somos o coração da mente.

Notas dos capítulos

Introdução

1. Viktor Frankl, *Man's Search for Meaning* (Nova York: Simon & Schuster, 1959).
2. Albert Einstein, *Out of My Later Years* (Secaucus, N.J.: The Citadel Press, 1956).
3. Armstrong, Karen, *A History of God: The 4000-Year Quest of Judaism, Christianity, and Islam* (Nova York: Alfred A. Knopf, 1993).
4. Ken Wilber, *The Marriage of Sense and Soul: Integrating Science and Religion* (Nova York: Random House, 1998). [*A União da Alma e dos Sentidos*, publicado pela Editora Cultrix, São Paulo, 2001.]
5. Joan Borysenko, *The Ways of the Mystic* (Carlsbad, Calif.: Hay House, Inc., 1997).
6. Ken Wilber, *Quantum Questions: Mystical Writings of the World's Great Physicists* (Boston: Shambhala, 1984).
7. Sri Maharaj Nisargadatta, *I Am That* (Durham, N.C.: The Acorn Press, 1997).
8. Carl Sagan in "Science Finds God", *Newsweek*, 20 de julho de 1998, p. 48.
9. David Bohm e Basel Hiley, *The Undivided Universe* (Nova York: Routledge, 1993).
10. Gangaji, *You Are That! Volume II* (Boulder, Colo.: Satsang Press, 1995), p. 41.

Capítulo 1: Torna-me uno com tudo o mais

1. Carl Sagan, *The Demon-Haunted World: Science As a Candle in the Dark* (Nova York: Ballantine, 1997), p. 302.
2. Ibid., p. 29.
3. Ibid., p. 28.
4. Ibid., p. 35.
5. Karen Armstrong, *A History of God: The 4000-Year Quest of Judaism, Christianity, and Islam* (Nova York: Alfred A. Knopf, 1993).
6. Charles T. Tart, *Body Mind Spirit: Exploring the Parapsychology of Spirituality* (Charlottesville, Va.: Hampton Roads, 1997).
7. Sri Maharaj Nisargadatta, *I Am That* (Durham, N.C.: The Acorn Press, 1997).
8. Andrew Harvey, *The Essential Mystics: The Soul's Journey into Truth* (São Francisco: HarperSanFrancisco, 1996).
9. Frances Vaughan, *The Inward Arc* (Boston: Shambhala, 1986). [*Novas Dimensões de Cura Espiritual*, publicado pela Editora Cultrix, São Paulo, 1992.]
10. Sogyal Rinpoche, *Tibetan Book of Days* (São Francisco: HarperSanFrancisco, 1997).
11. Ken Wilber e Treya Killam Wilber, *Grace and Grit: Spirituality and Healing in the Death of Treya Killam Wilber* (Boston: Shambhala, 1993).
12. Albert Einstein, *Ideas and Opinions* (Nova York: Bonanza Books, 1956).
13. Albert Einstein, *Out of My Later Years* (Secaucus, N.J.: The Citadel Press, 1956).
14. Ken Wilber no prefácio a Lex Hixon, *Coming Home* (Nova York: Jeremy Tarcher/Putnam, 1989), p.viii. [*O Retorno à Origem*, publicado pela Editora Cultrix, São Paulo, 1992, p. 9.]
15. Mihaly Csikszentmihaly, *Flow: The Psychology of Optimal Experience* (Nova York: HarperCollins, 1991).
16. Andrew Cohen, "Knowledge, Power & Enlightenment," *What is Enlightenment?*, primavera/verão de 1997, pp. 14-15.

Capítulo 2: A experiência direta de Deus

1. Herbert Benson, *Timeless Healing: The Power and Biology of Belief* (Nova York: Simon & Schuster, 1997).
2. Lex Hixon, *Coming Home* (Nova York: Jeremy Tarcher/Putnam, 1989), p. xii.
3. Gangaji, *You Are That!* (Boulder, Colo.: Satsang Press, 1995).
4. Mahatera Narada, *The Buddha and His Teachings* (Sri Lanka: Buddhist Publication Society, 1988).

5. Ken Wilber, *Spectrum of Consciousness* (Wheaton, Ill.: Quest Books, 1977). [*O Espectro da Consciência*, publicado pela Editora Cultrix, São Paulo, 1990.]
6. Aldous Huxley, *The Perennial Philosophy* (Nova York: HarperCollins, 1990). [*A Filosofia Perene*, publicado pela Editora Cultrix, São Paulo, 1991.]
7. Amit Goswami, *The Self-Aware Universe* (Nova York: Jeremy Tarcher, 1995).
8. Thich Nhat Hanh, *The Diamond That Cuts Through Illusion: Commentaries on the Prajñaparamita Diamond Sutra* (Berkeley, Calif.: Parallax Press, 1992).
9. Brian Swimme, *The Universe is a Green Dragon* (Santa Fe, N. M.: Bear & Co., 1984). [*O Universo é um Dragão Verde*, publicado pela Editora Cultrix, São Paulo, 1991.]
10. Mahatera Narada, *The Buddha and His Teachings* (Sri Lanka: Buddhist Publication Society, 1988).
11. Sylvia Boorstein, *It's Easier Than You Think: The Buddhist Way to Happiness* (São Francisco: HarperSanFrancisco, 1992). [*É Mais Fácil do Que Você Pensa*, publicado pela Editora Cultrix, São Paulo, 1997.]
12. Jacques Lusseyran, *And There Was Light* (Nova York: Parabola Books, 1994).
13. Bhagavad Gita, traduzido para o inglês por Swami Prabhavananda e Christopher Isherwood (Nova York: Penguin/Mentor Books, 1954).
14. Paramahansa Yogananda, *The Science of Religion* (Los Angeles: Self-Realization Fellowship, 1984).
15. Elaine Pagels, *Gnostic Gospels* (Nova York: Vintage Books/Random House, 1979). [*Os Evangelhos Gnósticos*, publicado pela Editora Cultrix, São Paulo, 1990.]
16. Ibid.
17. Marvin Meyer, *The Secret Teachings of Jesus: Four Gnostic Gospels* (Nova York: Vintage Books/Random House, 1984).
18. Lawrence Kushner, *River of Light* (Woodstock, Vt.: Jewish Lights Publishing, 1981).
19. Daniel Matt, *Essential Kabbalah* (São Francisco: HarperSanFrancisco, 1994).
20. Ibid., p. 261.
21. Deepak Chopra, *The Seven Spiritual Laws of Success* (Novato, Calif.: New World Library, 1993).

Capítulo 3: A física dos milagres

1. H. E. Puthoff e R. Targ, "A Perceptual Channel for Information Transfer over Kilometer Distances: Historical Perspective and Recent Research," *Proc. IEEE* 64, nº 3, (março de 1976); pp. 329-354; R. Targ e H. E. Puthoff, "Information Transfer Under Conditions of Sensory Shielding," *Nature* 251 (1975): pp. 602-

607; H. E. Puthoff, R. Targ e E. C. May, "Experimental Psi Research: Implication for Physics," *AAAS Proceedings of the 1979 Symposium on the Role of Consciousness in the Physical World*, 1961.

2. A. Einstein, B. Podolsky e N. Rosen, "Can a Quantum Mechanical Description of Physical Reality Be Considered Complete?" *Physical Review* 47 (15 de maio de 1935): pp. 777-780.
3. S. Freedman e J. Clauser, "Experimental Test of Local Hidden Variable Theories," *Physical Review Letters* 28 (1972): pp. 934-941; A. Aspect et al, "Experimental Tests of Bell's Inequalities Using Time-Varying Analyzers," Physical Review Letters 49 (20 de dezembro de 1982): pp. 1804-1907; Nicholas Gisin, "Signals Travel Faster than Light," in Malcolm Brown, *The New York Times*, 22 de julho de 1997.
4. S. Dürr, T. Nonn e G. Rempe, "Origin of Quantum-Mechanical Complementarity Probed by a 'Which-Way' Experiment in an Atom Interferometer," *Nature* 395, nº 3 (setembro de 1998).
5. Brian Josephson, "Biological Utilization of Quantum Nonlocality," *Foundations of Physics* 21 (1991): pp. 197-207.
6. David Bohm e Basel Hiley, *The Undivided Universe* (Nova York: Routledge, 1993).
7. Russell Targ e Jane Katra, *Miracles of Mind: Exploring Nonlocal Consciousness and Spiritual Healing* (Novato, Calif.: New World Library, 1998).
8. Ken Kress, "Parapsychology in Intelligence: A Personal Review and Conclusions", *Studies in Intelligence* 21, nº 4 (1977); também em *Journal of Scientific Exploration* 13 (primavera de 1999): pp. 69-87.
9. Joseph McMoneagle, *Mind Trek* (Northfolk, Va.: Hampton Roads, 1993).
10. George Hansen, Marilyn Schlitz e Charles Tart in Russell Targ e Keith Harary, *The Mind Race* (Nova York: Villard, 1984), pp. 265-269.
11. Louisa Rhine, "Frequency and Types of Experience in Spontaneous Precognition," *Journal of Parapsychology* 16 (1954): pp. 93-123.
12. S. Freud, "Dreaming and Telepathy", in G. Devereux, (org.), *Psychoanalysis and the Occult* (Nova York: International Universities Press, 1953).
13. Jule Eisenbud, *Parapsychology and the Unconscious* (Berkeley, Calif.: North Atlantic Books, 1986).
14. Montague Ullman e Stanley Krippner juntamente com Alan Vaughan, *Dream Telepathy* (Nova York: MacMillan Publishing Company, 1973).
15. William Erwin in Montague Ullman e Stanley Krippner juntamente com Alan Vaughan, *Dream Telepathy* (Nova York: MacMillan Publishing Company, 1973).

16. D. Bem e C. Honorton, "Does Psi Exist? Replicable Evidence for an Anomalous Process of Information Transfer," *Psychological Bulletin* (janeiro de 1994).
17. Richard Broughton e Cheryl Alexander, "Autoganzfeld II: An Attempted Replication of the PRL, Ganzfeld Research," *Journal of Parapsychology* (setembro de 1997): pp. 209-227.
18. Charles Honorton e Diane C. Ferari, "Future-Telling: A Meta-Analysis of Forced-Choice Precognition Experiments," *Journal of Parapsychology* 53 (dezembro de 1989): pp. 281-290.
19. R. Targ, J. Katra, D. Brown e W. Wiegand, "Viewing the Future: A Pilot Study with an Error-Detecting Protocol," *Journal of Scientific Exploration* 9, nº 3 (1995): pp. 367-380.
20. Dean Radin, *The Conscious Universe* (São Francisco: HarperEdge, 1997).
21. Helmut Schmidt e Lee Pantas, "PK Tests with Internally Different Machines," *Journal of Parapsychology* 36 (1972): pp. 222-232.
22. Helmut Schmidt, "Random Generators and Living Systems as Targets in Retro-PK Experiments," *Journal of ASPR* 91 (1997): pp. 1-14.
23. Karlis Osis e Donna McCormick, "Kinetic Effects at the Ostensible Location of an Out-of-Body Projection During Perceptual Testing," *Journal of ASPR* (julho de 1980): pp. 319-329.
24. Kenneth Ring e Sharon Cooper, "Near-Death and Out-of-Body Experiences in the Blind: A Study of Apparent Eyeless Vision," *Journal of Near Death Studies* (inverno de 1997): pp. 101-147.
25. B. J. Dunne, R. G. Jahn e R. D. Nelson, "Precognitive Remote Perception," Princeton Engineering Anomalies Research Laboratory (Report), agosto de 1983.
26. Ludwig Wittgenstein, *Tractatus-Logico Philosophicus* (Nova York: Routledge, 1974), p. 147.
27. Ramana Maharshi in *Be As You Are: The Teachings of Sri Ramana Maharshi*, David Godman, org. (Londres: Penguin/Arkana, 1985), p. 195.

Capítulo 4: O que sobrevive?

1. Leo Tolstoi in Sylvia Cranston e Carey Williams, *Reincarnation: A New Horizon in Science, Religion, and Society* (Nova York: Julian Press/Crown, 1984).
2. Sylvia Cranston e Carey Williams, *Reincarnation: A New Horizon in Science, Religion, and Society* (Nova York: Julian Press/Crown, 1984).
3. F. W. H. Myers, in *Human Personality and Its Survival of Bodily Death*, Suzy Smith, org. (New Hyde Park, N.Y.: University Books, 1961).
4. Ibid., p. 3.

5. D. Scott Rogo, *Parapsychology: A Century of Inquiry* (Nova York: Taplinger Publishing Company, 1975), p. 259; também *Proceedings of the Society of Psychical Research* 36 (1927): pp. 517-524.
6. Reuters News Service, 31 de janeiro de 1998.
7. F. W. H. Myers, in *Human Personality and Its Survival of Bodily Death*, Suzy Smith, org. (New Hyde Park, N.Y.: University Books, 1961).
8. William James in F. W. H. Myers, O. Lodge, W. Leaf e W. James, "A Record of Observations of Certain Phenomena of Trance" in *Proceedings of the Society for Psychical Research* 6 (1889–90): p. 653.
9. Alan Gauld, *Mediumship and Survival* (Londres: Paladin/Granada, 1983).
10. Brian Inglis, *Natural and Supernatural* (Londres: Hodder and Stoughton, 1977), p. 416.
11. Alan Gauld, *Mediumship and Survival* (Nova York: Paladin/Granada, 1983), pp. 71-73.
12. Bhagavad Gita, traduzido para o inglês por Swami Prabhavananda e Christopher Isherwood (Nova York: Mentor Books, 1954).
13. Buda, in Sylvia Cranston e Carey Williams, *Reincarnation: A New Horizon in Science, Religion, and Society* (Nova York: Julian Press/Crown, 1984), p. 255.
14. Ibid., p. 206.
15. Ibid., p. 220.
16. Simcha Raphael, *Jewish Views of the Afterlife* (Northwale, N. J.: Jason Aronson, 1994).
17. Ibid., p. 252.
18. Ibid., p. 334.
19. Ian Stevenson, *Twenty Cases Suggestive of Reincarnation* (Nova York: American Society for Psychical Research, 1966).
20. Ian Stevenson, *Where Reincarnation and Biology Intersect* (Westport, Conn.: Praeger, 1997).
21. Ian Stevenson, *Children Who Remember Previous Lives* (Charlottesville, Va.: The University Press of Virginia, 1987).
22. Robert Almeder, "A Critique of Arguments Offered Against Reincarnation," *Journal of Scientific Exploration* II, nº 4 (1997).
23. Robert Almeder, *Death and Personal Survival: The Evidence for Life After Death* (Lanham, Md.: Rowman & Littlefield Publishers, Inc., 1992).
24. Claire Sylvia, *A Change of Heart* (Nova York: Little Brown & Co., 1997), p. 90.
25. Carl Jung, *Psychological Foundation for Belief in Spirits*, 1910.
26. Rupert Sheldrake in Claire Sylvia, *A Change of Heart* (Nova York: Little Brown & Co., 1997), p. 230.

27. Ramana Maharshi, *Be As You Are: The Teachings of Sri Ramana Maharshi*, David Godman, org. (Nova York: Arkana/Penguin, 1985), p. 197.

Capítulo 5: O uso da mente para mudar de vida

1. Mihaly Csikszentmihaly, *Flow: The Psychology of Optimal Experience* (Nova York: HarperCollins, 1991), p. 20.
2. Ibid., p. 33.
3. Jon Kabat-Zinn, *Full Catastrophe Living: Using the Wisdom of Your Body and Mind to Face Stress, Pain, and Illness* (Nova York: Delta Books, 1990); também Jon Kabat-Zinn, "The Contemplative Mind in Society," *Noetic Sciences Review* 35, outono de 1995, pp. 14-21.
4. Herbert Benson, *Timeless Healing: The Power and Biology of Belief* (Nova York: Simon & Schuster, 1997), pp. 146-147.
5. Fred Sicher, Elisabeth Targ, Dan Moore e Helene Smith, "A Randomized Double-Blind Study of the Effect of Distant Healing in a Population with Advanced AIDS," *Western Journal of Medicine* 169 (dezembro de 1998): pp. 356-363.
6. Randolph C. Byrd, "Positive Therapeutic Effects of Intercessory Prayer in a Coronary Care Unit Population," *Southern Medical Journal* 81, nº 7 (julho de 1988): pp. 826-829.
7. W. G. Braud e M. J. Schlitz, "A Methodology for an Objective Study of Transpersonal Imagery", *Journal of Scientific Exploration* 3, nº 1 (1989): pp. 43-63; e W. G. Braud e M. J. Schlitz, "Consciousness Interactions with Remote Biological Systems: Anomalous Intentionality Effects," *Subtle Energies* 2, nº 1 (1991): pp. 1-46.
8. W. G. Braud, "Distant Mental Influence of Rate of Hemolysis of Human Red Blood Cells," *JASPR 84*, nº 1 (janeiro de 1990): pp. 1-24.
9. Beverly Rubik e Elizabeth Rauscher, "Effects on Motility Behavior and Growth Rate of Salmonella Typhimurium in the Presence of Olga Worrall," in W. G. Roll (org.), *Research in Parapsychology* 1979 (Metuchen, N.J.: Scarecrow Press, 1980).
10. Anita Watkins e Graham Watkins, "Possible PK Effects on the Resuscitation of Anesthetized Mice," *Journal of Parapsychology* 35 (1971): pp. 257-272.
11. Marilyn Schlitz, "PK on Living Systems: Further Studies with Anesthetized Mice," *Journal of Parapsychology* 46 (1982): pp. 51-52.
12. Marilyn Schlitz e Stephen LaBerge, "Covert Observation Increases Skin Conductance in Subjects Unaware of When They Are Being Observed: A Replication," *Journal of Parapsychology* (setembro de 1997): pp. 185-196.

13. W. Braud e M. Schlitz, "Psychokinetic Influence on Electro-Dermal Activity," *Journal of Parapsychology* 47 (1983): pp. 95-119.
14. Comunicação pessoal do Dr. Braud aos autores.
15. Larry Dossey, "Healing Happens," *Utne Reader*, setembro/outubro de 1995, pp. 52-53.
16. Dean Radin, "Where, When, and Who is the Self" (dissertação apresentada na Interval Research Corporation, 17 de março de 1998).
17. Joel S. Goldsmith, *The Art of Spiritual Healing* (São Francisco: HarperCollins, 1959), p. 73.
18. A *Course in Miracles* (Glen Ellen, Calif.: Foundation for Inner Peace, 1975).

Capítulo 6: Por que os cientistas rezam

1. Roger Walsh, Frances Vaughan e John Mack, *Paths Beyond Ego: The Transpersonal Vision* (Los Angeles: Jeremy P. Tarcher, 1993), p. 2. [*Caminhos Além do Ego*, publicado pela Editora Cultrix, São Paulo, 1997, p. 16.]
2. Ibid., p. 2, tradução p. 16.
3. F. Alexander, "Buddhist Training as an Artificial Catatonia (The Biological Meaning of Psychic Occurrences)," *Psychoanalytic Review* 18 (1931): pp. 129-145.
4. Sam Menahem, *When Therapy Isn't Enough: The Healing Power of Prayer & Psychotherapy* (Winfield, Ill.: Relaxed Books, 1997), p. 204.
5. Jacob Needleman, *Lost Christianity* (Nova York: Doubleday, 1980), p. 60.
6. George Leonard e Michael Murphy, *The Life We Are Given* (Nova York: Jeremy Tarcher/Putnam, 1995).
7. Roger Walsh, Frances Vaughan e John Mack, *Paths Beyond Ego: The Transpersonal Vision* (Los Angeles: Jeremy Tarcher, 1993), p. 3.
8. Roger Walsh, "New Views of Timeless Experiences: Contemporary Research on the Nature and Significance of Transpersonal Experience," *The Heffter Review*, 1998.
9. Abraham Maslow, *The Farther Reaches of Human Nature* (Nova York: Viking Press, 1971); e Abraham Maslow, *Toward a Psychology of Being* (Princeton, N. J.: Van Nostrand Reinhold, 1968), p. iv.
10. William James, *The Varieties of Religious Experience* (Nova York: Viking/Penguin, 1982), p. 258.
11. Richard Bucke, *Cosmic Consciousness* (Nova York: E. P. Dutton & Co., 1969), p. 3.
12. Sharon Salzberg, *Loving-Kindness* (Boston: Shambhala, 1997), p. 12.
13. Sri Nisargadatta Maharaj, *I Am That: Talks With Sri Nisargadatta Maharaj*, Sudhakar Dikshir, org. (Durham, N.C.: The Acorn Press, 1973).

14. Jon Kabar-Zinn, *Wherever You Go There You Are* (Nova York: Hyperion, 1994), p. 33.
15. Thich Nhat Hanh, *Peace Is Every Step* (Nova York: Bantam Books, 1991), p. 10.
16. Sharon Salzberg, *Loving-Kindness* (Boston: Shambhala, 1997), p. 1.
17. Thich Nhat Hanh, *Living Buddha, Living Christ* (Nova York: Riverhead/Putnam, 1995).
18. Ramana Maharshi, "Who Am I?" in *The Collected Works of Ramana Maharshi*, trad. para o inglês de T. Venkataran (Tiruvannamalai, Índia: Sri Ramanasramam, 1955).
19. Sri Nisargadatta Maharaj, *I Am That: Talks with Sri Nisargadatta Maharaj*, Sudhakar Dikshit, org. (Durham, N.C.: The Acorn Press, 1973), p. 8.
20. Dean Brown, *Direct from Sanskrit: New Translations of Seven Upanishads, The Aphorisms of Patanjali, and other Microcosmic Texts of Ancient India* (Los Angeles: Philosophical Research Society, 1996).
21. Joel Goldsmith, *Consciousness Unfolding* (Nova York: Citadel Press/Carol Publishing Group, 1994), p. 172.
22. David A. Cooper, *The Heart of Stillness* (Nova York: Bell Tower/Crown, 1992), p. 63.
23. The Dalai Lama, in Jean-Claude Carriere, "Facing the Future," *New Age Journal*, novembro/dezembro de 1995, p. 146.
24. David A. Cooper, *The Heart of Stillness* (Nova York: Bell Tower/Crown, 1992).
25. Thomas Keating, *Intimacy with God* (Nova York: Crossroad Publishing, 1994), p. 3; e Thomas Keating, "The Method of Centering Prayer", panfleto, St. Benedict's Monastery, Colorado, 1995.
26. Thomas Keating, in Cynthia Bourgeault, "From Woundedness to Union," *Gnosis*, 34, inverno de 1995, pp. 41-45.
27. Thomas Keating, *Intimacy with God* (Nova York: Crossroad Publishing, 1994).
28. Thich Nhat Hanh, *Living Buddha, Living Christ* (Nova York: Riverhead/Putnam, 1995), p. 154.
29. Joseph Bailey, *The Serenity Principle* (São Francisco: HarperSanFrancisco, 1990).
30. *The New York Times*, 30 de abril de 1998.
31. Carl Jung, in "The Bill W – Carl Jung Letters," *ReVision* 10, nº 2 (1987): pp. 19-21.
32. Ibid.
33. *The New York Times*, 6 de dezembro de 1997, p. A8.
34. Lewis Lapham, *The Wall Street Journal*, 13 de maio de 1988.

35. Joe Dominguez e Vicki Robin, *Your Money or Your Life* (Nova York: Penguin Books, 1992), p. 172.
36. Carl Jung, *The Collected Works of* C. G. *Jung*, vol. 9, pt. 1 (Princeton: Princeton Univ. Press, 1969).
37. Georges Van Vrekhem, *Beyond the Human Species: The Life and Work of Sri Aurobindo and the Mother* (St. Paul, Minn.: Paragon House, 1998).
38. Albert Einstein, *Ideas and Opinions* (Nova York: Bonanza Books, 1956), p. 12.
39. *Sir* Arthur Eddington in Alan H. Batten, "A Most Rare Vision: Eddington's Thinking on the Religion Between Science and Religion," *Journal of Scientific Exploration* 9, nº 2 (verão de 1995): pp. 231-234.
40. Joel Goldsmith, *Spiritual Interpretation of Scripture* (Marina del Rey, Calif.: DeVorss & Co., 1947); e Joel Goldsmith, *Consciousness Unfolding* (Nova York: Citadel Press/Carol Publishing Group, 1994), p. 51.
41. Herbert Benson, *Timeless Healing: The Power and Biology of Belief* (Nova York: Simon & Schuster, 1997), p. 301.
42. Ernest Wood, *Yoga* (Baltimore, Md.: Penguin, 1962), p. 30.
43. John Blofeld in David Cooper, *The Heart of Stillness* (Nova York: Bell Tower/Crown, 1992), p. 207.
44. *A Course in Miracles* (Glen Ellen, Calif.: Foundation for Inner Peace, 1975); e Sri Nisargadatta Maharaj, *I Am That: Talks with Sri Nisargadatta Maharaj*, Sudhakar Dikshir, org. (Durham, N.C.: The Acorn Press, 1973).
45. *Ramana Maharshi in Be as You Are: The Teachings of Ramana Maharshi*, David Godman, org. (Londres: Penguin/Arkana, 1985), p. 88.
46. Nisargadatta, *I Am That*, p. 18.
47. Igor Kungurtsev, "Nonduality and Western Seekers," *Gnosis* 39, primavera de 1996, p. 24.
48. Gangaji, *You Are That!* (Novato, Calif.: The Gangaji Foundation, 1996).
49. Igor Kungurtsev, "Nonduality and Western Seekers," *Gnosis* 39, primavera de 1996, p. 24.
50. Ibid., p. 22.

Capítulo 7: O coração da mente

1. Paramahansa Yogananda, *The Science of Religion* (Los Angeles, Calif.: Self-Realization Fellowship, 1984).
2. Sylvia Boorstein, *It's Easier Than You Think: The Buddhist Way to Happiness* (São Francisco: HarperSanFrancisco, 1997).
3. Sri Nisargadatta Maharaj, *I Am That: Talks with Sri Nisargadatta Maharaj*, Sudhaker Dikshit, org. (Durham, D.C.: The Acorn Press, 1973), p. xxii.

4. Gangaji, *You Are That! Vol.I* (Boulder, Colo.: Satsang Press, 1996), p. 165.
5. Gerald Jampolsky, *Love is Letting Go of Fear* (Berkeley, Calif.: Celestial Arts, 1979); e Gerald Jampolsky e Diane Cirincione, *Change Your Mind, Change Your Life* (Nova York: Bantam Books, 1994). [*Mude a sua Mente e Transforme a sua Vida*, publicado pela Editora Cultrix, São Paulo, 1996.]
6. A *Course in Miracles* (Glen Ellen, Calif.: Foundation for Inner Peace, 1975).
7. Marianne Williamson, "Return to Prayer," *Science of Mind* 69, nº 9 (setembro de 1996): p. 43; também Marianne Williamson, *Illuminata: A Return to Prayer* (Nova York: Random House, 1994).
8. Ibid.
9. Sylvia Boorstein, *It's Easier Than You Think: The Buddhist Way to Happiness* (São Francisco: HarperSanFrancisco, 1997).
10. Gangaji, *You Are That! Vol.II* (Boulder, Colo.: Satsang Press, 1996), pp. 38, 209.
11. Paul Ferrini, *The 12 Steps of Forgiveness* (South Deerfield, Mass.: Heartways Press, 1997).

Bibliografia

Alexander, F. "Buddhist Training as an Artificial Catatonia (The Biological Meaning of Psychic Occurrences)." *Psychoanalytic Review* 18 (1931): pp. 129-145.

Almeder, Robert. *Death and Personal Survival: The Evidence for Life After Death.* Lanham, Md.: Rowman & Littlefield Publishers, 1992.

Almeder, Robert. "A Critique of Arguments Offered Against Reincarnation," *Journal of Scientific Exploration* 11, nº 4 (1997).

Armstrong, Karen. *A History of God: The 4000-Year Quest of Judaism, Christianity, and Islam*, Nova York: Alfred A. Knopf, 1993.

Aspect, A., et al., "Experimental Tests of Bell's Inequalities Using Time-Varying Analyzers". *Physical Review Letters*, 49 (20 de dezembro de 1982): pp. 1804-1907.

Ayer, Alfred. *Language Truth and Logic*. Nova York: Dover Publications, 1946.

Bailey, Joseph. *The Serenity Principle*. São Francisco: HarperSanFrancisco, 1990.

Bem, D., e C. Honorton. "Does Psi Exist? Replicable Evidence for an Anomalous Process of Information Transfer." *Psychological Bulletin* (janeiro de 1994).

Benor, Daniel J. *Healing Research.* Volume 1. Munique, Alemanha: Helix Verlag, 1992.

Benson, Herbert. *Timeless Healing: The Power and Biology of Belief*. Nova York: Simon & Schuster, 1997.

Bhagavad Gita. Traduzido para o inglês por Swami Prabhavananda e Christopher Isherwood. Nova York: Penguin/Mentor Books, 1954.

Bohm, David e Basel Hiley. *The Undivided Universe*. Nova York: Routledge, 1993.

Boorstein, Sylvia. *It's Easier Than You Think: The Buddhist Way to Happiness*. São Francisco: HarperSanFrancisco, 1997. [*É Mais Fácil do Que Você Pensa*, publicado pela Editora Cultrix, São Paulo, 1997.]

Borysenko, Joan. *The Way of the Mystic*. Carlsbad, Calif.: Hay House, Inc., 1997.

Bourgeault, Cynthia. "From Woundedness to Union." *Gnosis*, nº 34. Inverno (1995): 41-45.

Braud, W. G. "Distant Mental Influence of Rate of Hemolysis of Human Red Blood Cells," *JASPR* 84, nº 1 (janeiro de 1990): 1-24.

Braud, W. G., e M. J. Schlitz. "Consciousness Interactions with Remote Biological Systems: Anomalous Intentionality Effects." *Subtle Energies* 2, nº 1 (1991): 1-6.

Braud, W., e M. Schlitz. "Psychokinetic Influence on Electro-Dermal Activity." *Journal of Parapsychology* 47 (1983): 95-119.

Braud, W., D. Shafer, K. McNeill, e V. Guerra. "Attention Focusing Facilitated Through Remote Mental Interaction." *JASPR* 89, nº 2 (abril de 1995): 113-114.

Broughton, Richard, e Cheryl Alexander. "Autogaznsfeld II: An Attemped Replication of the PRI. Ganzfeld Research." *Journal of Parapsychology* (setembro de 1997): 209-227.

Brown, Dean. *Direct from Sanskrit: New Translations of Seven Upanishads, the Aphorisms of Patanjali, and Other Microcosmic Texts of Ancient India*. Los Angeles: Philosophical Research Society, 1996.

Bucke, Richard. *Cosmic Consciousness*. Nova York: E. P. Dutton & Co., 1969.

Byrd, Randolph C. "Positive Therapeutic Effects of Intercessory Prayer in a Coronary Care Unit Population." *Southern Medical Journal* 81, nº 7 (julho de 1988): 826-829.

Chopra, Deepak. *The Seven Spiritual Laws of Success*. Novato, Calif.: New World Library, 1994.

Cohen, Andrew. "Knowledge, Power & Enlightenment." *What Is Enlightenment?* (primavera/verão de 1997): 14-15.

Cooper, David. *God Is a Verb*. Nova York: Riverhead Books, 1997.

Cooper, David A. *The Heart of Stillness*. Nova York: Bell Tower/Crown, 1992.

Cranston, Sylvia, e Carey Williams. *Reincarnation: A New Horizon in Science, Religion, and Society*. Nova York: Julian Press/Crown, 1984.

Csikszentmihaly, Mihaly. *Flow: The Psychology of Optimal Experience*. Nova York: HarperCollins, 1991.

Dalai Lama, Sua Santidade. *The Good Heart*. Boston: Wisdom Publications, 1996.

Diamond, L. Malcolm, e Thomas V. Litzenberg. *The Logic of God*. Nova York: Bobbs-Merrill, 1975.

Dominguez, Joe, e Vicki Robin. *Your Money or Your Life*. Nova York: Penguin Books, 1992.

Doore, Gary. *What Survives? Contemporary Explorations of Life After Death*. Los Angeles: Jeremy Tarcher, 1990.

Dossey, Larry. "Healing Happens." *Utne Reader*. Setembro/outubro de 1995, pp. 52-59.

Dossey, Larry. *Meaning & Medicine: Lessons from a Doctor's Tales of Breakthrough and Healing*. Nova York: Bantam Books, 1992.

Dunne, B. J., R. G. Jahn, e R. D. Nelson. "Precognitive Remote Perception." Princeton Engineering Anomalies Research Laboratory (Relatório). Agosto de 1983.

Dürr, S. T. Nonn, e G. Rempe. "Origin of Quantum-Mechanical Complementarity Probed by a 'Which-Way' Experiment in an Atom Interferometer." *Nature* 395, nº 3 (setembro de 1998).

Eddington, *sir* Arthur, in Alan H. Batten. "A Most Rare Vision: Eddington's Thinking on the Relation Between Science and Religion." *Journal of Scientific Exploration* 9, nº 2 (verão de 1995): 231-234.

Einstein, Albert. *Ideas and Opinions*. Nova York: Bonanza Books, 1956.

Einstein, Albert. *Out of My Later Years*. Secaucus, N.J.: The Citadel Press, 1956.

Einstein, A., B. Podolsky e N. Rosen. "Can a Quantum Mechanical Description of Physical Reality Be Considered Complete?" *Physical Review* 47 (15 de maio de 1935): 777-780.

Eisenbud, Jule. *Parapsychology and the Unconscious*. Berkeley, Calif.: North Atlantic Books, 1986.

Ferrini, Paul. *The 12 Steps of Forgiveness*. South Deerfield, Mass.: Heartways Press, 1997.

Foundation for Inner Peace. [A *Course in Miracles*]. Glen Ellen, Calif.: Foundation for Inner Peace, 1975.

Freud, S. "Dreaming and Telepathy." In G. Devereux (org.). *Psychoanalysis and the Occult*. Nova York: International Universities Press, 1953.

Frankl, Viktor. *Man's Search for Meaning*. Nova York: Simons & Schuster, 1959.

Freedman, S., e J. Clauser. "Experimental Test of Local Hidden Variable Theories." *Physical Review Letters* 28 (1972): 934-941.

Gangaji. *You Are That!* Volumes I e II. Boulder, Colorado: Satsang Press, 1995.

Gauld, Alan. *Mediumship and Survival.* Londres: Paladin/Granada, 1983.

Goldsmith, Joel. *Spiritual Interpretation of Scripture.* Marina del Rey, Calif.: DeVorss & Co., 1947.

Goldsmith, Joel. *Consciousness Unfolding.* Nova York: Citadel Press/Carol Publishing, 1994.

Goswami, Amit. *The Self-Aware Universe.* Nova York: Jeremy Tarcher, 1995.

Grosso, Michael, in Charles T. Tart. *Body Mind Spirit: Exploring the Parapsychology of Spirituality.* Charlottesville, Va.: Hampton Roads, 1997.

Hanh, Thich Nhat. *The Diamond That Cuts Through Illusion: Commentaries on the Prajñaparamita Diamond Sutra.* Berkeley, Calif.: Paralax Press, 1992.

Hanh, Thich Nhat. *Living Buddha, Living Christ.* Nova York: Riverhead/Putnam, 1995.

Hanh, Thich Nhat. *Peace Is Every Step.* Nova York: Bantam Books, 1991.

Harvey, Andrew. *The Essential Mystics: The Soul's Journey into Truth.* São Francisco: HarperSanFrancisco, 1996.

Hixon, Lex. *Coming Home: The Experience of Enlightenment in Sacred Tradition.* Nova York: Jeremy Tarcher, 1989.

Holy Bible, versão do Rei Jaime.

Honorton, Charles e Ferari, Diane C. "Future-Telling: A Meta-Analysis of Forced-Choice Precognition Experiments." *Journal of Parapsychology* 53 (dezembro de 1989): 281-290.

Huxley, Aldous. *The Perennial Philosophy.* Nova York: HarperCollins, 1990. [*A Filosofia Perene*, publicado pela Editora Cultrix, São Paulo, 1991.]

James, William. *The Varieties of Religious Experience.* Nova York: Viking/Penguin, 1982.

Jampolsky, Gerald. *Love is Letting Go of Fear.* Berkeley, Calif.: Celestial Arts, 1979.

Jampolsky, Gerald, e Diane Cirincione. *Change Your Mind, Change Your Life.* Nova York: Bantam Books, 1994. [*Mude a sua Mente e Transforme a sua Vida*, publicado pela Editora Cultrix, São Paulo, 1996.]

Josephson, Brian. "Biological Utilization of Quantum Nonlocality." *Foundations of Physics* 21 (1991): 197-207.

Jung, Carl. *The Collected Works of* C. G. *Jung.* Vol. 9, Parte 1. Princeton: Princeton Univ. Press, 1969.

Kabat-Zinn, Jon. *Full Catastrophe Living: Using the Wisdom of Your Body and Mind to Face Stress, Pain, and Illness.* Nova York: Delta Books, 1990.

Kabat-Zinn, Jon. *Wherever You Go There You Are.* Nova York: Hyperion, 1994.

Kabat-Zinn, Jon. "The Contemplative Mind in Society." *Noetic Sciences Review* 35 (outono de 1995): 14-21.

Kemenetz, Rodger. *The Jew and the Lotus*. São Francisco: HarperSanFrancisco, 1994.

Keating, Thomas. *Intimacy with God*. Nova York: Crossroad Publishing, 1994.

Kress, Ken. "Parapsychology in Intelligence: A Personal Review and Conclusions." *Studies in Intelligence* 21, nº 4 (1977).

Krishnamurti, J. *Think On These Things*. Nova York: Harper & Row, 1970.

Kushner, Lawrence. *The River of Light*. Woodstock, Vt.: Jewish Lights Publishing, 1981.

Leonard, George e Michael Murphy. *The Life We Are Given*. Nova York: Tarcher/Putnam, 1995.

Lusseyran, Jacques. *And There Was Light*. Nova York: Parabola Books, 1994.

Maharshi, Ramana. *The Spiritual Teachings of Ramana Maharshi*. Boston: Shambhala, 1988. [*Ensinamentos Espirituais*, publicado pela Editora Cultrix, São Paulo, 1991.]

Maharshi, Ramana. *Be As You Are: The Teachings of Sri Ramana Maharshi*. David Godman, org. Nova York: Arkana/Penguin, 1985.

Maharshi, Ramana. *The Teachings of Bhagavan Sri Ramana Maharshi in His Own Words*, Arthur Osborne, org. Londres: Rider & Co., 1962.

Maharshi, Ramana. *Talks With Sri Ramana Maharshi*. Tiruvannamalaj, Índia: Sri Ramanasramam, 1955.

Maharshi, Ramana. "Who Am I?" in *The Collected Works of Ramana Maharshi*, trad. para o inglês de T. Venkataran. Tiruvannamalai, Índia: Sri Ramanasramam, 1955.

Maslow, Abraham. *The Father Reaches of Human Nature*. Nova York: Viking Press, 1971.

Maslow, Abraham. *Toward a Psychology of Being*. Princeton, N.J.: Van Nostrand Reinhold, 1968.

Matt, Daniel. *Essential Kabbalah*. São Francisco: HarperSanFrancisco, 1994.

McMoneagle, Joseph. *Mind Trek*. Norfolk, Va.: Hampton Roads Publishing, 1993.

Menahem, Sam. *When Therapy Isn't Enough: The Healing Power of Prayer & Psychotherapy*. Winfield, Ill.: Relaxed Books, 1997.

Meyer, Marvin. *The Secret Teachings of Jesus: Four Gnostic Gospels*. Nova York: Vintage Books/Random House, 1984.

Mitchell, Stephen. *The Gospel According to Jesus*. Nova York: HarperCollins, 1991.

Monroe, Robert. *Journeys Out of the Body*. Nova York: Main Street Books, 1973.

Murphy, Michael. *The Future of the Body*. Los Angeles: Jeremy P. Tarcher, 1992.

Myers, F. W. H. *Human Personality and Its Survival of Bodily Death*, org. Suzi Smith. Hyde Park, N.Y.: University Books, 1961.

Nagarjuna, filosofia de, in Hayes, Richard P., "Nagarjuna's Appeal." *Journal of Indian Philosophy* (1994): 299-378.

Narada, Mahatera. *The Buddha and His Teachings*. Sri Lanka: Buddhist Publication Society, 1988.

Needleman, Jacob. *Lost Christianity*. Nova York: Doubleday, 1980.

Nisargadatta Maharaj, Sri. *I Am That: Talks With Sri Nisargadatta Maharaj*, org. Sudhakar Dikshit. Durham, N.C.: The Acorn Press, 1977.

Osis, Karlis e Donna McCornick, "Kinetic Effects at the Ostensible Location of an Out-of-Body Projection During Perceptual Testing." *Journal of ASPR* (julho de 1980): 319-329.

Pagels, Elaine. *Gnostic Gospels*. Nova York: Vintage Books/Random House, 1979. [*Os Evangelhos Gnósticos*, publicado pela Editora Cultrix, São Paulo, 1990.]

Patanjali. Sutras. Swami Prabhavananda e Christopher Isherwood, trad., *How to Know God*. Hollywood, Calif.: Vedanta Press, 1983.

Patanjali. *Effortless Being: The Yoga Sutras of Patanjali*. P. Shearer, trad. Londres: Unwin, 1989.

Percy, Walker. *Lost in the Cosmos*. Nova York: Noonday/Farrar, Strauss & Giroux, 1983.

Percy, Walker. *The Message in the Bottle*. Nova York: Noonday/Farrar, Strauss & Giroux, 1975.

Pierce, Charles S. "A Neglected Argument for the Reality of God", in *Selected Writings*, Philip Wiener, org. Nova York: Dover Publications, 1980; Boston: Shambhala, 1988.

Poonja, H. W. L. *Wake up and Roar*. Eli Jaxon-Bear, org. Boulder, Colo.: Satsang Press, 1993.

Puthoff, H. E. e R. Targ. "A Perceptual Channel for Information Transfer over Kilometer Distances: Historical Perspective and Recent Research." *Proc. IEEE* 64, nº 3 (março de 1976): 329, 254.

Puthoff, H. E., R. Targ e E. C. May. "Experimental Psi Research: Implication for Physics," in *Procedimentos do AAAS* do Simpósio de 1979 sobre o Papel da Consciência no Mundo Físico (1961).

Radin, Dean. *The Conscious Universe*. São Francisco, Calif.: HarperEdge, 1997.

Ram Dass. *Be Here Now*. Nova York: Harmony Books, 1971.

Raphael, Simcha. *Jewish Views of the Afterlife*. Northwale, N.J.: Jason Aronson, 1994.

Rhine, Louisa. "Frequency and Types of Experience in Spontaneous Precognition." *Journal of Parapsychology* 16 (1954): 93-123.

Ring, Kenneth, e Sharon Cooper. "Near-Death and Out-of-Body Experiences in the Blind: A Study of Apparent Eyeless Vision." *Journal of Near Death Studies* (inverno de 1997): 101-147.

Rinpoche, Sogyal. *Tibetan Book of Days*. São Francisco: HarperSanFrancisco, 1997.

Sagan, Carl. *The Demon-Haunted World: Science As a Candle in the Dark*. Nova York: Ballantine, 1997.

Salzberg, Sharon. *Loving-Kindness*. Boston: Shambhala, 1997.

Schlitz, Marilyn, e Stephen LaBerge. "Covert Observation Increases Skin Conductance in Subjects Unaware of When They are Being Observed: A Replication." *Journal of Parapsychology* (setembro de 1997): 185-196.

Schmidt, Helmut e Lee Pantas. "PK Tests with Internally Different Machines." *Journal of Parapsychology* 36 (1972): 222-232.

Schmidt, Helmut. "Random Generators and Living Systems as Targets in Retro-PK Experiments." *Journal of ASPR* 91 (1997): 1-14.

Shearer, P., trad. *Effortless Being: The Yoga Sutras of Patanjali*. Londres: Unwin, 1989.

São João da Cruz. *The Dark Night of the Soul*. Nova York: ImageBooks/Doubleday, 1990.

Stevenson, Ian. *Children Who Remember Previous Lives*. Charlottesville, Va.: The University Press of Virginia, 1987.

Stevenson, Ian. *Twenty Cases Suggestive of Reincarnation*. Nova York: American Society for Psychical Research, 1966.

Stevenson, Ian. *Where Reincarnation and Biology Intersect*. Westport, Conn.: Praeger, 1997.

Swimme, Brian. *The Universe is a Green Dragon*. Santa Fe, N. M.: Bear & Co., 1984. [*O Universo é um Dragão Verde*, publicado pela Editora Cultrix, São Paulo, 1991.]

Sylvia, Claire. *A Change of Heart*. Nova York: Little Brown & Co., 1997.

Targ, R., e K. Harary. *The Mind Race: Understanding and Using Psychic Abilities*. Nova York: Villard, 1984.

Targ, Russell, e Jane Katra. *Miracles of Mind: Exploring Nonlocal Consciousness and Spiritual Healing*. Novato, Calif.: New World Library, 1998.

Targ, R., e H. Puthoff. "Information Transfer under Conditions of Sensory Shielding." *Nature*, 251 (1975): 602-607.

Targ, R., J. Katra, D. Brown e W. Wiegand. "Viewing the Future: A Pilot Study with an Error-Detecting Protocol." *Journal of Scientific Exploration* 9 nº 3 (1995): 67-80.

Tart, Charles T., org. *Body Mind Spirit: Exploring the Parapsychology of Spirituality*. Charlottesville, Va.: Hampton Roads, 1997.

Tart, Charles T. *States of Consciousness*. Nova York: E. P. Dutton, 1975.

Tart, Charles T. *Transpersonal Psychologies*. Nova York: Harper & Row, 1975.

Tart, Charles T. *Waking Up: Overcoming the Obstacles to Human Potential*. Boston: New Science Library/Shambhala, 1986.

Teresa de Ávila, Santa. *The Life of Saint Teresa*. Trad. para o inglês de J. M. Cohen. Nova York: Penguin Books, 1957.

Twist, Lynn. "The Soul of Money". *Noetic Sciences Review* (outono de 1997): 22-25.

Ullman, Montague, e Stanley Krippner, com Alan Vaughan. *Dream Telepathy*. Nova York: MacMillan, 1973.

Vaughan, Frances. *The Inward Arc*. Boston: Shambhala, 1986. [*Novas Dimensões da Cura Espiritual*, publicado pela Editora Cultrix, São Paulo, 1992.]

Walsh, Roger, Frances Vaughan e John Mack. *Paths Beyond Ego: The Transpersonal Vision* (A New Consciousness Reader). Los Angeles: Jeremy P. Tarcher, 1993. [*Caminhos Além do Ego*, publicado pela Editora Cultrix, São Paulo]

Weil, Andrew. *The Natural Mind*. Boston: Houghton Mifflin, 1972.

Wilber, Ken. *Quantum Questions: Mystical Writings of the World's Great Physicists*. Boston: Shambhala, 1984.

Wilber, Ken. *Spectrum of Consciousness*. Wheaton, Ill.: Quest Books, 1977. [*O Espectro da Consciência*, publicado pela Editora Cultrix, São Paulo, 1990.]

Wilber, Ken. *The Atman Project: A Transpersonal View of Human Development*. Wheaton, Ill.: Quest Books, 1996. [*O Projeto Atman*, publicado pela Editora Cultrix, São Paulo, 2000.]

Wilber, Ken. *The Marriage of Sense and Soul: Integrating Science and Religion*. Nova York: Random House, 1998. [*A União das Almas e dos Sentidos*, publicado pela Editora Cultrix, São Paulo, 2001.]

Wilber, Ken e Treya Killam Wilber. *Grace and Grit: Spirituality and Healing in the Life and Death of Treya Killam Wilber*. Boston: Shambhala, 1993.

Williamson, Marianne. *Illuminata: A Return to Prayer*. Marina del Rey, Calif.: DeVorss & Co., 1996.

Williamson, Marianne. "Return to Prayer," in *Science of Mind* 69, nº 9 (setembro de 1996): 40-51.

Wittgenstein, Ludwig. *On Certainty*. Nova York: HarperCollins, 1986.

Wood, Ernest. *Yoga*. Baltimore, Md.: Penguin, 1962.

Yogananda, Paramahansa. *The Science of Religion*. Los Angeles, Calif.: Self-Realization Fellowship, 1984.